Religionen aktuell

Religionen aktuell

Herausgegeben von Bertram Schmitz

Band 17

Deutsche Yeziden

Geschichte, Gegenwart, Prognosen

von

Celalettin Kartal

Tectum Verlag

Celalettin Kartal

Deutsche Yeziden.
Geschichte, Gegenwart, Prognosen
Religionen aktuell; Band 17

Umschlagabbildung: © Düzen Tekkal
ISBN: 978-3-8288-3676-1
ISSN: 1867-7487

© Tectum Verlag Marburg, 2016

Besuchen Sie uns im Internet
www.tectum-verlag.de

Bibliografische Informationen der Deutschen Nationalbibliothek
Die Deutsche Nationalbibliothek verzeichnet diese Publikation in der
Deutschen Nationalbibliografie; detaillierte bibliografische Angaben sind
im Internet über http://dnb.ddb.de abrufbar.

Vorwort	8
Wer sind die deutschen Êzîden?	11
Siedlungsgebiete der Êzîden	12
Woher kommen die Êzîden?	12
1. „Irreführung" oder Êzîdenforschung?	12
2. Im Dschungel der „Namensverwirrung"?	14
3. Êzîden und die kurdische Identität?	16
4. Êzîdentum als „uralte Religion der Germanen"?	19
Gemeinsamkeiten mit „Geschwisterreligionen"	21
1. Êzîden als Zoroastrier?	21
2. Êzîdentum und Yarasan	23
3. Êzîdentum und Alevitentum	25
Unterschiede zu Universalreligionen	28
„Geschichte der Wehrlosen?"	32
1. Êzîdentum vor der Expansion des Islam	32
2. Die Phase der Islamisierung Mesopotamiens	34
3. Êzîden in der arabisch-islamischen Ära	39
4. Êzîden im Osmanischen Reich	40
5. Religiöse *fatwa*s und die „72 Edikte"	43
6. Überleben im „Islamischen Reich"	48
7. Êzîden als „Störfaktor" in der Türkei?	50
Flucht der Êzîden nach Deutschland	53
1. „Fluchtwelle" aus der Türkei	53
2. Auswanderung der Êzîden aus Syrien	55
3. Der Untergang der Êzîden im Irak?	56
Die antiêzîdische Politik Iraks	56
Die Genozide an Êzîden im 21. Jahrhundert	58
Vom Transkaukasien nach Deutschland	61
1. „Flucht der Êzîden aus Georgien"	61
2. Situation der Êzîden in Armenien	62

Êzîden in der neuen Heimat Deutschland	63
Das Êzîdische Glaubenssystem	64
1. Besonderheiten des Êzîdentums	64
2. Der Chefengel	66
3. Der Reformator?	68
4. Die „Kastenordnung"	70
5. Die Grundpflichten und ihre Praxis	72
Divergenzen in der êzîdischen Theologie	74
1. Gottesverständnis der Êzîden	76
2. Tawisî Melek	80
3. Sheikh Adi	81
4. Die êzîdische Schöpfungstheorie	82
Die Stellung der Frau und die êzîdischen Texte	84
1. Überlieferungstexte und ihre Bedeutung	84
2. Die „Gleichheit der Geschlechter"?	86
3. Die Stellung der Frau nach den Texten	87
4. Die Stellung der Frau in der Praxis	89
Êzîdentum und seine Praxis in Deutschland	91
1. Der „vorgeschriebene Respekt"	91
2. Die religiösen Würdenträger	92
3. Die „Heiratsvorschriften"	93
4. Der Jenseitsbruder	94
5. Tabus und Speiseverbote	94
6. Der Umgang mit Abweichlern	95
Êzîdentum und seine Tradition	97
1. Die orientalische Jungfräulichkeit	98
2. Der „êzîdische Brautpreis"	99
3. Arrangierte Ehen	100
4. Eheschließungen	101
5. Eheähnliche Gemeinschaften	101
6. Scheidungsfälle	102

Die Einstellung der deutschen Êzîden _____ 103
Religions- und Sprachunterricht in Deutschland _____ 105
1. Sprache und Identität bei den Êzîden _____ 106
2. Religion als identitätsstiftender Faktor _____ 108
3. Die Vernachlässigung des Kurdischen _____ 110
4. Die Diskriminierung der Êzîden _____ 111
Vereinsarbeit in Deutschland _____ 112
Êzîdentum und seine Zukunft in Deutschland _____ 114
1. Das deutsche Êzîdentum _____ 115
2. Die Kontroverse um Reformen _____ 117
Bisherige Überlegungen _____ 119
Êzîdentum kurz zusammengefasst _____ 120
Êzîdenforschung und Autoren _____ 124
Forschungsthemen im Êzîdentum _____ 134
Literatur _____ 136
Glossar _____ 145

Vorwort

Die Êzîden (Yeziden) stehen unter dem Verdacht, eine „Geheimreligion" zu sein. Da ist von einem obskuren Engel (Tawisî Melek) die Rede, von Schriften, die keiner zu Gesicht bekommen darf, und von unzugänglichen, mythisch mystischen Praktiken. Als Religions- und Kulturgemeinschaft ist das Êzîdentum in Deutschland wenig bekannt und noch weniger von dem, was man vom Hörensagen mitbekommt, ist faktisch zutreffend. Dennoch lebt inzwischen ein beachtlicher Prozentsatz aller Êzîden weltweit hier, - vielmehr noch, viele sehen ihre Zukunft als gesamte Gemeinschaft eher in Deutschland als im Vorderen Orient. Celalettin Kartal gelingt es in seinem vorliegenden Buch, kenntnisreich den Lesenden mit den Êzîden vertraut zu machen.

Fachkundig und engagiert stellt er ihre geistig religiöse Welt vor. Ebenso erläutert er ihre Kultur, ihre Geschichte und den klassischen Aufbau ihres Gesellschaftssystems. Er legt dar, wie und warum es zu diesem Nimbus der Geheimreligion kam – und dass gerade in der Gegenwart êzîdischen Experten viel daran liegt, ihre Religion bekannt zu machen, sie zu ordnen, zu fixieren und zu erhalten. Selbst in den eigenen Reihen sei es an der Zeit, das Wissen über die eigene Religionskultur zu vertiefen. Dies gilt insbesondere für das Exil, das zur neuen Heimat geworden ist. Dabei handelt es sich bei den Êzîden weltweit um eine Gemeinschaft von wenigen Hunderttausend.

Viele Êzîden finden in dem westlich europäischen Lebensstil eher eine Befreiung und freunden sich mit ihm an. Gegen Ende des Buchs wird dann ausführlich die Frage diskutiert, inwiefern für das Êzîdentum die Gefahr besteht, sich so weit zu assimilieren, dass von der eigentlichen Religionskultur kaum noch etwas bleibt. Dabei stellt sich die – für die Êzîden moderne – Frage, inwiefern sich Religion und Kultur voneinander trennen lassen, oder gar getrennt werden müssen, um vielleicht noch die Religion zu bewahren, wenn die spezifische êzîdische Kultur in Deutschland nicht mehr verwirklicht werden kann.

Um dieser Frage nachzugehen, entwirft Kartal ein umfassendes Bild des Êzîdentums. In der Einführung bestimmt der Verfasser den Begriff der Êzîden und lässt deutlich werden, warum allgemein so wenig Korrektes über diese Gemeinschaft bekannt ist. Oft sind es bewusst tendenziöse und fehlgeleitete Informationen, die die potenzielle Angst vor dem Fremden, schlimmstenfalls gar Teufelsanbeter diskriminierten, schüren wollen, etwa um die eigene Missionsarbeit zu legitimieren.

Im ersten Hauptteil rekonstruiert Kartal die Geschichte der Êzîden von der Zeit des alten Orients über die islamische Herrschaft des Mittelalters bis hin zur Gegenwart; - soweit dies bei einer Gemeinschaft möglich ist, die fast ausschließlich auf oraler Überlieferung beruht und erst in den letzten Jahrzehnten begann, ihren eigenen Traditionskorpus schriftlich zu fixieren.

Religionspolitisch wichtig ist eine solche Zuordnung bzw. Abgrenzung des Êzîdentums insbesondere gegenüber dem Islam. Keinesfalls wollen sich Êzîden als abtrünnige Muslime verstanden wissen, die damit der islamischen Scharia unterliegen würden. Auch dies ist sicher ein Grund, warum es wichtig ist, das Selbstverständnis der Êzîden bis in die Zeit der ersten Jahrhunderte nach der Zeitenwende zu verfolgen.

Diese Religionsgemeinschaft sieht sich gegenüber dem Islam besonders dadurch gefährdet, dass sie keine „Schriftreligion", keine „Religion des Buchs" ist. Zum einen unterliegt sie damit aus islamischer Sicht nicht dem klassischen Recht, das solchen Religionen, implizit (und je nach Verständnis der entsprechenden Koranverse auch explizit) zukommt. Historisch gesehen umfasst die Zeit des Islam in Bezug auf die Êzîden drei große Perioden, die Kartal je einzeln und kurz behandelt: die Zeit der Kalifen in Bagdad, das osmanische Reich und schließlich die Aufteilung in einzelne Staaten wie Irak, Türkei und Syrien, die für das gegenwärtige Êzîdentum relevant sind.

Zum anderen besitzen Êzîden ohne „Buch" auch keinen fixierten Grundstock der Lehre, der ihnen als Anhaltspunkt und Anker gilt. Erst in der Gegenwart wird aktiv der Versuch unternommen, aus dem vorgegebenen, umfangreichen Material ein solches fixierbares Lehrgebilde herauszukristallisieren. Eine solche Aufgabe ist mit bedeutenden Schwierigkeiten verbunden. Es soll auf der vorhandenen Grundlage ein explizites Religionskonzept fixiert werden, das möglichst angemessen dem bereits implizit vorhandenen der Êzîden entspricht und damit auch vermittelt werden kann. Es geht natürlich nicht darum ein neues Religionsgebilde zu erschaffen. Weiterhin stellt sich in diesem Zusammenhang die oben erwähnte Frage, inwiefern sich Kultur und Religion voneinander trennen lassen bzw. auch getrennt werden müssen, um das Êzîdentum für junge Menschen der Gegenwart in Deutschland weiterhin attraktiv und lebbar zu gestalten. Dies betrifft insbesondere Fragen der Stände- und Heiratsordnung.

Um diese Fragen und weitere Inhalte des Êzîdentums geht es Kartal vor allem im zweiten Hauptteil, der spezifisch der Situation der Êzîden in Deutschland und damit der – im Nahen Osten höchst bedrohten und gefährdeten – Gegenwart gewidmet ist. In klassischer Weise stellt sich zunächst die Frage nach dem Glaubenssystem, d. h. der Frage nach dem Göttlichen, den Lehrinhalten, der Schöpfungslehre und der Frage nach einer Wiedergeburt im Sinne einer Seelenwanderung im engeren Sinn (d. h. als Metempsychose), nach Seelenbruderschaften etc.

Bemerkenswert ist dabei, dass bei Kartal die Stellung der Frau einen bedeutsamen Raum einnimmt. Fast alle Religionen haben dieses Thema über die Geschichte hinweg als integralen Bestandteil ihrer Lehre betrachtet, von den Fragen nach Selbstbestimmung der Frau, Rollenverteilung und Unterordnung bis hin zu dem Punkt der Jungfräulichkeit, der Unberührtheit der Frau bei der Eheschließung. Viele moderne Ausrichtungen innerhalb einzelner Religionen haben diese Themen weitgehend in die Kultur eingeordnet. An dieser Fragestellung hat es das Êzîdentum, wie etwa auch die Religion der Aleviten, verhältnismäßig einfach. An kaum einer Stelle innerhalb des Religionssystems ist eine Genderhierarchie etabliert. Traditionell sind eher gemeinsame religiöse Aktionen von Mann und Frau zu finden.

Insgesamt betont Kartal den Gewinn, der Êzîden aktuell in der so genannten westlichen Welt zukommt. Sie können sich offen zu ihrer Religion und Kultur, zu ihrer Herkunft und Sprache bekennen, auch wenn sie nicht von offizieller Seite z. B. durch Sprach- oder Religionsunterricht gefördert werden. Frauen können weitest gehend ihren Weg in die Selbstbestimmtheit gehen, wobei sie ihn sich vielfach noch individuell erkämpfen müssen. Êzîden sind damit frei, sich ihren Lebensweg zu suchen und ihn zu gehen – allerdings zugleich sind sie auch wiederum so frei, dass sie sich vom Êzîdentum abwenden können.

Es gibt keinen äußerlichen Druck für Êzîden mehr, der sie als Gemeinschaft zusammennötigt, keine Notwendigkeit mehr, sich als Êzîde zu beweisen oder zu behaupten müssen, - aber damit zugleich auch äußerlich keine Bedingung mehr, Êzîde zu sein. So stellt Kartal – insbesondere am Ende seines Buchs – die offene Frage nach der Zukunft des Êzîdentums, im Nahen Osten, weil es dort in seiner Existenz bedroht wurde und aktuell massiv bedroht wird, und in Europa, weil es dort nur durch seine Attraktivität überleben kann. So ist dieses Buch über die Êzîden höchst informativ, aktuell und bewegend zugleich.

Professor Dr. Dr. Bertram Schmitz

(Jena 2015)

Wer sind die deutschen Êzîden?

Die Êzîden bilden eine religiöse Minderheit unter Kurden im Nahen Osten. Sie missionieren nicht. Êzîde wird man nur durch Geburt. Êzîden glauben an Gott, dessen Chefengel *Tawisî Melek* und sechs weitere Engel. Viele der deutschen Êzîden[1] haben ihre Wurzeln im Nahen Osten. Die „feindliche Geographie dieser Region" bestimmt ihr Schicksal. Ihr Hauptsiedlungsgebiet im Nordirak ist von der Terrormiliz des Islamischen Staates (IS) eingenommen. Eine Rückkehr ist nicht in Sicht. Ohne Heim, Hirte und Herde müssen die irakischen Êzîden um ihre Existenz und die ihrer Heimat bangen.

Im „imperialen Reich der osmanischen Muslime", wo die meisten Êzîden lebten, war der Islam die „einzig legitime" Religion. Die „êzîdenfeindliche Politik" dieses zerfallenen Imperiums bestimmte Jahrhunderte lang ihr Leben. Die Nachfolgerepublik Türkei hat ihre Êzîden vertrieben. Bald werden keine Êzîden mehr in Syrien und vielleicht auch im Irak mehr sein.

Bei uns in Deutschland, wo vielleicht mehr als 50. 000[2] Êzîden leben, ist mehr als zwei Drittel von ihnen eingebürgert. Hier, in Deutschland, können sie ohne Bevormundung in Freiheit und Sicherheit ihr Leben gestalten. Als Religionsgemeinschaft, die auf *oral tradition* fußt, müssen sie sich neu erfinden, wenn sie in „westlich liberal-säkularen Gesellschaften" überleben wollen: Wer sind diese Êzîden[3]? Welche Unterschiede weisen sie zu anderen Religionen auf? Warum mussten sie Heim und „Herde" verlassen? Zentrale Aspekte des êzîdischen Lebens in Deutschland sowie ihre vielen Probleme stehen im Mittelpunkt der Expertise[4].

---

1   In der Literatur werden die Êzîden als „Yeziden", gelegentlich als „Yazidi" oder „Jesiden" bezeichnet. Ich habe mich für die Schreibweise „Êzîden" entschieden, weil sich die Êzîden selbst so nennen.

2   Schätzungen zufolge gibt es 300.000 Êzîden im Irak, in Armenien und Georgien leben ca. 70.000, in Russland 60.000.

3   Der Einfachheit halber wird auf die geschlechtsspezifische Unterscheidung verzichtet und nur die männliche Form benutzt.

4   Für Eigennamen und sonstige unübersetzbare Begriffe habe ich eine für deutsche aussprechbare Transliteration gewählt.

Siedlungsgebiete der Êzîden

Die Siedlungsgebiete der Êzîden umfassten eins Teile der Türkei, des Irak (Nordirak), von Syrien, Armenien und Georgien. In Syrien leben die verbliebenen Êzîden abgesehen von *Heseke* in der Grenzregion zur Türkei. Dort in der Nähe der Städte *Afrin, Amude, Ras al-Ain* und *Kamischlo*. Die derzeit wichtigsten Hauptsiedlungsgebiete der Êzîden liegen weiterhin im Nordirak (kurd. Südkurdistan), eingenommen von der „Terrormiliz" des Islamischen Staats IS, hier in der Region *Schengal* (arabisch Sindschar) und in der gleichnamigen Stadt selbst. In der Republik Türkei liegen die historischen Siedlungsgebiete in den Provinzen *Kars, Sêrt, Batman, Bingol, Musch, Mardin, Elesis, Meletê, Marasch* und *Gasiantep*. Nur noch ca. 600 Êzîden sollen in der Nähe von *Batman, Midhyat* und *Viranscheir, Beschiri* übrig geblieben sein. Sie leben dort in einigen kleinen Dörfern bzw. Weilern verstreut. Zwei Drittel aller Êzîden dürften bereits Syrien verlassen haben. Ein ähnliches Schicksal steht wahrscheinlich den Êzîden im Irak bevor, dessen Untergang als zentraler Staat unabwendbar zu sein scheint. In der Republik Armenien bzw. deren Hauptstadt *Jerewan* haben sich Êzîden erst in den letzten Jahrhunderten angesiedelt. Gleiches gilt für Georgien.

Woher kommen die Êzîden?

1. „Irreführung" oder Êzîdenforschung?

Wer die Schriften der ehemaligen Missionare und einiger Orientalisten liest, kommt nicht umhin, ihnen in Bezug auf Êzîden einen bösen Willen zu unterstellen. Es waren sozusagen diese Leute, die, von fast beispielloser Neugier und ständigem Eifer getrieben, wesentliche Missverständnisse über die Êzîden und ihre Herkunft verbreitet haben. Ähnliches gilt für die vielen Nachbarn der Êzîden wie Araber und Osmanen, die in den meisten Fällen Êzîden als Ungläubige tituliert haben[5].

Aus heutiger Sicht kann man sich über die vielen irreführenden Zuschreibungen und Verleumdungen, die über Êzîden verbreitet wurden, nur wundern. Missionare und Orientalisten des 18./19. Jahr-

---

5   Youssif Bari: Kor Namir, der Stammesfürst des Dina-Stammes, in: Yezidische Helden, Oldenburg 2011, (96-100) S. 96.

hunderts haben Êzîden zumeist aus der Sicht ihrer erbitterten Gegner[6], der „muslimischen Rechtsgelehrten" oder orthodoxer Christen beschrieben. *Philip G. Kreyenborek,* der derzeit wichtigste Êzîdenforscher in Göttingen, zitiert aus *Charmoy* 1868 wie folgt: „Êzîden, die das Shengal-Gebirge bewohnen sind richtige Barbaren, die weder das Beten noch das Feste feiern kennen. Sie haben weder irgendwelche Bräuche, noch Vorschriften. Sie leben einfach in den Tag hinein ohne Aufbau einer Obrigkeit und Legitimität. Sie widmen sich zwar der Landwirtschaft und Ackerbau, leben aber in Wirklichkeit von der Räuberei [...]. Sie folgen *Sheikhs*, haben schreckliche und barbarische Bräuche, wie das Verkaufen der eigenen Kinder in den Städten"[7]. Andere Forscher wie z. B. *M. Guidi* haben in Êzîden und dem Êzîdentum „eine extremistische Sekte des Islam" gesehen,[8] die es zu bekämpfen gilt.

Tatsächlich haftet den Êzîden bis in die Gegenwart der stereotype Makel einer Geheimreligion an. Wann liegt eine Geheimreligion vor? Nach Wikipedia [9] liegt eine Geheimreligion nur vor, wenn die einzelnen Angehörigen einer religiösen Gemeinschaft Inhalte oder die wesentlichen Teile ihres Glaubens mit Wissen und Wollen verschweigen. Warum sollen aber Êzîden ihre Religion und deren Inhalte verheimlichen? In Wirklichkeit hatten die Êzîden weder die Möglichkeit gehabt, ihre Religion zu erlernen noch konnten sie ohne akute Selbstgefährdung mit den strenggläubigen Nachbarn, den Muslimen, sich über ihre Religion und deren Inhalte austauschen. Vielmehr mussten sie Jahrtausende lang in einer ihnen gegenüber extrem intoleranten, feindlich eingestellten Umgebung leben. Es bestand eine ständige existentielle Lebensgefahr, die sie dazu nötigte, allen möglichen Fremden gegenüber gewollt oder ungewollt misstrauisch zu sein. Es war Êzîden und ihren Angehörigen faktisch kaum möglich, einen religiösen Austausch mit strenggläubigen Muslimen auf Augenhöhe zu führen. So führt der deutsch-dänische Vermessungs-Ingenieur *Carsten Niebuhr* 1767 aus, dass Êzîden gegen ihren Willen angehalten werden, ihre Religion geheim zu halten, weil sie keine „göttlichen" Bücher besitzen[10]. Der deutsche Forscher *Ernst Kippel,* der nach dem Ersten Weltkrieg das Êzîdengebiet

---

6   Tosinê Reşîd: Êzdiyatî – Oleke hê jî nenaskirî, İstanbul 2010, S. 17.
7   Philip G. Kreyenbroek: Yezidism – its background, observances and textual tradition, Lewiston; New York 1995, S. 3.
8   Nachweis bei Philip G. Kreyenbroek 1995, S. 16.
9   Wikipedia, dort unter Taqīya.
10 Carsten Niebuhr: Tübingen, Basel 1975, S. 161. Niebuhr war Mathematiker und Kartograph.

bereiste, stellte resigniert fest: „Nur hasserfüllte und voreingenommene Meinungen über die Êzîden beherrschen die Mohammedaner"[11].

Unter den gegebenen Umständen mussten Êzîden auch gegenüber den früheren Forschungsreisenden sehr misstrauisch sein, wenn sie im Herrschaftsgebiet des Islam überleben wollten. Sie haben zumeist nur das erzählt, was die Forscher entweder selbst wussten oder meinten ihnen ohne persönliche Selbstgefährdung, erzählen zu können. Das hatte zur Folge, dass auf diese Weise die damaligen Missionare nur selten zuverlässige Kenntnisse über die Êzîden und das Êzîdentum erlangen konnten. Abhandlungen und Werke der Missionare haben mit zu Diskriminierung und Verfolgung der Êzîden beigetragen[12]. Insbesondere ist die Ursache der vielen Konflikte und blutigen Kriege, die gegen Êzîden religiös legitimiert geführt wurden, auf eine falsche Auslegung des Êzîdentums zurückzuführen. Êzîden wurden oft genug als Teufelsanbeter, Heiden, Gottesleugner, Häretiker aber auch als „Unreine" beschrieben. Noch im 20. Jahrhundert wurde das Êzîdentum von einigen Forschern als eine Geheimreligion eingestuft[13]. Eine Ausnahme stellt der niederländische Iranist *Philip G. Kreyenbroek* dar, der in der Êzîdenforschung die êzîdische Sichtweise mitberücksichtigt und so einen neuen Weg eingeschlagen hat.

2. Im Dschungel der „Namensverwirrung"?

Von Êzîden wird angenommen, dass sie um des bloßen Überlebens willen sich Jahrhunderte lang verschiedene Namen und Identitäten zugelegt haben. Es ist jedoch bis in die Gegenwart unklar, wie Êzîden sich bzw. ihre Gemeinschaft in der Historie genannt haben.

Sieht man von der Bezeichnung *Êzdî* bzw. auch *Êzîdî* ab, die beide für Êzîden stehen, so scheint auch der Name „Ezda" unter Êzîden als Selbstbezeichnung weit verbreitet gewesen zu sein. Etymologisch stammt „Ezda" vom „Ez da", was mit „Schöpfer" (Gott) gleichgesetzt wird. Noch heute stellt *Ezdaî* eine Selbstbezeichnung für Êzîden dar. Doch Vorurteile sind hartnäckig, alles, was nicht hineinpasst, fällt durch. So wurde noch bis zum 20. Jahrhundert behauptet, dass der Name „Yezidi" (die osmanische Schreibweise für Êzîden) auf den muslimischen Kalifen

---

11   Zitiert nach Irina Wießner: Der Weg der Yêziden aus dem Orient nach Europa, in: pogrom 287, 2/2015, (36-39), S. 37.
12   Philip G. Kreyenbroek, in: Erhard Franz (Hrsg.), Hamburg 2004, (23-34) S. 24.
13   Celalettin Kartal: Reşkirina Êzîdiya (siehe Literaturteil).

Yazid I. (680-683 n. Chr.) hinweise[14], der eine relativ tolerante Haltung gegenüber nicht-muslimischen Minderheiten hegte. Folglich seien die Êzîden Anhänger dieses Kalifen. Sieht man jedoch von der Namensähnlichkeit ab, haben Êzîden mit dem Kalifen *Yazid Ibn Muwaiya*[15] kaum etwas gemeinsam. Warum Êzîden trotzdem als Anhänger dieses Kalifen gebrandmarkt wurden, ist der Tatsache geschuldet, dass dieser Kalif bei Schiiten und Aleviten als grausamer Tyrann[16] gilt. In den muslimischen Analen gilt er als Mörder des Prophetenenkels *Imam Hussein* sowie als irregeleiteter Kalif. Gewisse „muslimische Kreise" wollten damit offenbar von ihrem Verbrechen, der Ermordung des *Imam Hussein*, ablenken und haben ihre historische Schandtat den „wehrlosen Êzîden" unterstellt, um sie noch fanatischer bekämpfen zu können. Davon abgesehen gibt es Autoren, die den Namen „*Yezidi*" mit der sumerischen Sprache in Verbindung bringen wollen[17]. Einige Forscher weisen jedoch darauf hin, dass sich in früheren Zeiten (etwa vor 1415 n. Chr.) mehrere Gemeinschaften Mesopotamiens „Yezidi" oder „Êzdî" nannten[18]. Es sind dieselben Forscher, die zusätzlich auch die Bezeichnungen „*Sunet*", „*Sunetxan*" oder „*Dasinî*" mit aufführen[19]. Alle diese Namen müssen jedoch nicht notwendigerweise für Êzîden bzw. êzîdische Gemeinschaft stehen. Warum? Die Namen *Sunet* und *Sunetxan* stehen tatsächlich in den êzîdischen Texten. Der Kontext dieser Texte legt nahe, dass damit Êzîden bzw. die êzîdische Gemeinschaft gemeint ist. Auch der Name „*Sunet*" weist auf die êzîdische Gemeinschaft hin[20]. So ist nachvollziehbar, dass Êzîden sich früher gezwungenermaßen „*Sunet*" oder

---

14 Türk Dil Kurum (Hrsg.): Türkçe Sözlük 2, K-Z, Yeni Baskı, Ankara 1988, S. 1628.

15 Êzîden haben diesem Kalifen seiner undogmatischen Haltung wegen Gesangshymnen gewidmet, siehe z. B. Qewlê Mezin, in: Philip G. Kreyenbroek/Xelîl Cindî Reşow: Tanrı ve Şeyh Adî Kusursuzdur, İstanbul 2011, S. 268-283. Danach legte *Ibn Muwaiya* auf den Koran und seine Dogmatik keinen großen Wert und trank Wein, ebda, S. 275, Nr. 52. Dieser Haltung wegen war er bei seinem Vater, der auch ein Kalif war, in Ungnade gefallen, ebda, S. 280, Nr. 96.

16 Ali Duran Gülçiçek: Der Weg der Aleviten (Bektaschiten), 2. Auflage, Köln 1996, S. 26. Die Bezeichnung „yezit" gilt sogar als ein Schimpfwort (sövgü) unter Muslimen, vgl. Kemal Demiray; Ruşen Alaylıoğlu: Türkçe Sözlük, İstanbul 1987, S. 739.

17 „Unser Ezidi-Name ist im Kodex Hammurabi manifestiert", so Lauffrey Nabo: Die Bedrohung der Eziden durch Selbstzerstörung oder die Anstrengung für eine Identitätsfindung.

18 Kreyenbroek/Rashow: God and Sheikh Adi are Perfect 2005, S. 4.

19 Kreyenbroek/Rashow, ebda, S. 289.

20 Siehe z.B. Qewlê Aşê Mihbetê, in: Philip G. Kreyenbroek/Xelîl Cindî Reşow: Tanrı ve Şeyh Adî Kusursuzdur, İstanbul 2011, S. 657, Nr. 10.

„*Sûnî*" genannt haben könnten, um einer Verfolgung zu entgehen. Wie dargelegt, haben strenggläubige Muslime Jahrhunderte lang versucht, den Êzîden die Ermordung des *Imam Hussein*, des Prophetenenkels, anzulasten. [21] Seine historische Ermordung markiert gleichzeitig die endgültige Trennung zwischen Sunniten und Schiiten, den beiden Hauptrichtungen des Islam. Als Enkel des Propheten war er vor allem bei Schiiten und später auch bei „unterjochten Aleviten" beliebt. Êzîden wurden jedoch zu Unrecht als Anhänger des „verabscheuten Kalifen" *Yazid I.* tituliert.

Was den Namen *Dasin* bzw. *Dasinî* betrifft, so steht er für einen ehemaligen êzîdischen Stamm mit Sitz in *Duhok* (im heutigen Irak) bzw. für einen früheren assyrischen Staat[22]. Andere führen aus, *Dasinî* sei ein ehemaliges êzîdisches Fürstentum mit Sitz in *Duhok* gewesen[23].

3. Êzîden und die kurdische Identität?

Erst im 20. Jahrhundert hat ein Teil der elitären bzw. „nationalistisch orientierten Kurden" begonnen, Êzîden als Vorfahren der Kurden zu definieren. Ist die Titulierung „wahrer Kurde" für Êzîden ein Privileg oder nur eine leere Worthülse? Und was bedeutet Identität?

Mit der Identität lassen sich Merkmale beschreiben, die im Selbstverständnis von Individuen, Gruppen und Gemeinschaften als grundlegend erachtet werden. Jede Gemeinschaft von Individuen benötigt eine Identität oder mehrere. So benötigen Angehörige von religiösen Minderheiten bzw. Gemeinschaften, die vielfach ums Überleben ringen, stets mehrere Identitäten, wenn sie in den Nationalstaaten oder innerhalb großer monotheistischer Weltreligionen bestehen wollen.

In der Forschung ist unklar, wo der genaue Ursprung des kurdischen Volkes liegt[24], was aber die frühere kurdische Elite nicht davon abhielt, in den Êzîden die Vorfahren der modernen Kurden zu sehen. Übersehen wird jedoch, dass die êzîdische Zugehörigkeit bzw. Religionszugehörigkeit wesentlich älter ist als die kurdisch-nationale Zugehörigkeit. Der kurdische Nationalismus ist ein Produkt des 20. Jahrhunderts und hat

---

21 Mit dieser Unterstellung war beabsichtigt, Aleviten, die eine Verehrung gegenüber dem vierten Kalifen *Ali ibn Abi Tālib* hegen, gegen Êzîden aufzustacheln, so Êzdaname I, a.a.O., S. 21.
22 So z. B. Tosinê Reşid, in: Mehfel 2, 2010, (20-26) S. 23.
23 Pîr Dîma: Êzdîyên Serhedê, Istanbul 2011, S. 130.
24 Johannes Düchting: Die Kinder des Engel Pfau, Köln 2004, S. 12.

seinen politischen Höhepunkt in vielen Teilen Kurdistans noch nicht erreicht[25]. Das Êzîdentum ist jedoch, wie noch dazulegen sein wird, eine vorislamische bzw. vorjüdische Religion.

Es war die frühere kurdische Aristokratie, die auf der Suche nach einer gemeinsamen Identität für alle Kurden „die schwergeprüften Êzîden" als „die wahren Kurden" ausgemacht hat – sicher nicht ohne ein gerüttelt Maß an Ironie. Das ist der Grund, weshalb die Titulierung bis heute ambivalent bleibt, weil die Erinnerung an die Jahrhunderte lange Zeit der Unterdrückung durch strenggläubige Muslime bei den Êzîden nach wie vor lebendig geblieben ist. So hat bisher kaum ein kurdischer Historiker einen êzîdischen Volkshelden in seinen Werken erwähnt, der seine Heimat bzw. seine Region vor den arabischen oder türkischen Eindringlingen verteidigt hat. Ausgerechnet zwei kleine „Despoten" wie *Mir Bedirkhan Beg* (1821-1847 n. Chr.) oder *Mîrê Kor* (1831-1834 n. Chr.), die sich offenbar dem Fundamentalismus im Islam verpflichtet fühlten, werden als „kurdische Helden" gepriesen. Es mag die Ironie des Schicksals gewesen sein, dass sich beide stets voll Stolz auf die *Ehlibeyt*-Familie, die Familie des islamischen Propheten *Mohammed* beriefen. Beide waren lokale Herrscher Kurdistans, die grausame Massaker an Êzîden (und auch Christen) verübt haben. Die ebenso in diesem Kontext von einigen êzîdischen Autoren verbreitete Verschwörungstheorie, wonach Kurden gegen Kurden von fremden Mächten gegeneinander leicht ausgespielt werden konnten[26], muss der weiteren Forschung überlassen bleiben. Selbst wenn man sich einigen Verschwörungstheorien mutwillig bzw. gutwillig anschließt, bleibt die Frage, warum bis in die Gegenwart die Êzîden von vielen strenggläubigen Muslimen als „unrein" oder „Teufelsanbeter" bezeichnet werden. In Wirklichkeit wird auch in der von Kurden regierten Autonomen Region Kurdistan mit zweierlei Maß gemessen. Große Teile der Êzîden sind in Kurdistan isoliert: Vielen der kurdischen Intellektuellen und vor allem strenggläubigen Kurden fällt es nach wie vor schwer, sich von ihren alten religiös anrüchigen Vorurteilen gegenüber Êzîden frei zu machen. Vorsicht, Misstrauen und Distanz bestimmt das Verhältnis zwischen Êzîden und der sunnitisch-kurdischen Mehrheit. Es gibt kein echtes Vertrauen und eine gesunde Verständigung zwischen beiden[27]. Eine kurdische Identität, die dem klassischen Islam nach Menschen nach

---

[25] Celalettin Kartal: Do û îroj: „Rastiya" hinek siyasetmedarên Kurd (siehe Literaturteil).

[26] So z. B. Amer Çelik: Sheikh Mirza Anqossi, in: Yezidische Helden 2011, (148-155) S. 154.

[27] Vgl. Jan İlhan Kızılhan: Verortete Erinnerungen in der Gegenwart, Berlin 2014, S. 160.

religiösen Kriterien unterscheidet, kann Êzîden in die kurdische Gesellschaft nicht integrieren. Sie muss, wenn sie funktionieren soll, sich zwingend an anderen, modern-säkularen Kriterien wie Menschenrechte und Gleichbehandlung orientieren.

Das ist der Grund, warum bis in die Gegenwart ein Teil der Êzîden sich als eine eigene „Volksgruppe" betrachtet, ein anderer Teil jedoch jede Verbindung mit Kurden abstreitet. Ein dritter Teil versteht sich als exklusiver „urkurdischer Glaube", als gelebte Kultur und Lebensphilosophie.

Festzustellen ist, dass der Êzîde im Allgemeinen seine religiöse Identität auch in Kurdistan meistens verheimlichen muss[28]: Lebt er in der säkular gerierenden, „islamisch dominierenden Republik Türkei", so bezeichnet er sich in Gegenwart von türkischen Nationalisten entweder als Türke oder als Kurde. Lebt er in der Türkei, dort, innerhalb der muslimischen Kurden, so ist er in den meisten Fällen Kurde. Lebt er innerhalb von „nationalistisch eingestellten Kurden", ist er vielleicht ein êzîdischer Kurde. Ähnliches gilt für Êzîden im „neuen Irak", wo die gleichheitswidrige islamische Scharia eine der essentiellen Quellen der Gesetzgebung ist. Ob es dem einzelnen Êzîden passt oder nicht, er muss je nach der gegebenen Situation zwischen diesen verschiedenen Kollektiv-Identitäten subjektiv auswählen und ist sich doch dessen bewusst, dass seine êzîdische Identität gegenüber der kurdisch nationalen überwiegt. Wie verstehen sich aber Êzîden im Allgemeinen?

Unabhängig von der kurdisch-nationalen Identität verstehen sich die modernen Êzîden als Angehörige einer uralten Gemeinschaft[29] mit einer eigenen Religion, Geschichte, Ethik und Philosophie. Sie verweisen auf ihre Jahrhunderte lange Verfolgung und Anfeindungen durch Araber und einen wichtigen Teil „muslimisch-orthodoxer Sunniten mit kurdischen Wurzeln". Die êzîdische Identität lässt sich vor allem aus den partiell genozidären Ereignissen ihrer Geschichte und den Erinnerungen daran herleiten[30]. Sie unterscheidet sich vor allem im Bereich der religiösen Rituale und Zeremonien von der kurdischen Identität. Rituale und Erzählungen, Hymnen und Gebete sind ein Teil der êzîdischen Erinnerung. Menschen, die an diesen Ritualen Teil nehmen, bilden die êzîdische Gemeinschaft. Doch Kurdenforschern zufolge ist die Kultur und Religion der Êzîden die eigentliche „Seele der kurdischen Iden-

---

[28] Ähnlich Jan İlhan Kızılhan, ebda, S. 160.
[29] Êzdaname I, Bielefeld 2002, S. 13.
[30] Celalettin Kartal: Yeziden in Deutschland – Einwanderungsgeschichte, Veränderungen und Integrationsprobleme, in: Kritische Justiz 2007, (240-257) S. 251f.

tität"³¹. Was ist daran richtig? Êzîden wie Kurden stammen aus Kurdistan. Beide sind der Sprache nach Kurden. Kurdistan ist nach wie vor unter vier Staaten aufgeteilt. Doch im Unterschied zu „sunnitischen Kurden" sind Êzîden eine „doppelte bzw. wehrlose Minderheit". Eine Gemeinschaft, die wegen ihrer religiösen Zugehörigkeit eher am Rande der kurdischen Gesellschaft ein „unterjochtes, ausgegrenztes Dasein" fristet/e. Das ist sicher der Grund, warum Êzîden im Allgemeinen stets ihre religiöse Identität als Abgrenzung gegenüber den dominierenden „kurdisch-sunnitischen Muslimen" empfinden und nicht selten auch betonen.

4. Êzîdentum als „uralte Religion der Germanen"?

Es gibt kaum Anhaltspunkte über die genaue Entstehung des Êzîdentums. Forscher und êzîdische Würdenträger machen hierüber unterschiedliche und zum Teil sich widersprechende Angaben. Darüber hinaus erscheint es etwas suspekt, das Alter einer religiösen Gemeinschaft mit Adam und Eva zu beginnen. Gleichwohl legen gewisse êzîdische Texte und vor allem Rituale nahe, im Êzîdentum eine vorjüdische bzw. vorchristliche Religion zu sehen.

Mit Monotheismus werden Religionen bezeichnet, die einen Gott bzw. Obergott verehren und nicht selten über wesentliche gemeinsame Fundamente verfügen. Der Gegenbegriff zum Monotheismus ist der Polytheismus.³² Zu den monotheistischen Universalreligionen zählen namentlich das Judentum, das Christentum und der Islam. Auf den Glauben an einen einzigen Gott ausgerichtet sind auch die Bahai oder die Êzîden-Religion.

In den historischen Quellen taucht der Begriff „Yezidi" bis zum 7. Jahrhundert nicht auf. Forscher sind sich nicht darüber einig, woher das Êzîdentum stammt³³, wie es sich entwickelt hat und welche Gemeinsamkeiten es mit großen monotheistischen Religionen aufweist. „Zoroastrisch orientierte Êzîden" datieren das Alter des Êzîdentums auf 3000

---

[31] Nur beispielhaft Jan İlhan Kızılhan: Die Yeziden 1997, S. 23.
[32] Sebastian Bock: Kleine Geschichte des Volkes Israel, Basel; Wien 1989, S. 20.
[33] Philip G. Kreyenbroek: Yezidism in Europe 2009, S. 17.

Jahre vor Christi Geburt [34]. Religiöse Würdenträger behaupten, in Anlehnung an êzîdische Texte, das Êzîdentum hätte schon immer existiert[35]. Êzîdische Autoren aus dem Irak gehen davon aus, dass eine Verbindung zwischen dem Êzîdentum und den uralten Sumerern und Babyloniern besteht[36], weil auch die Êzîden wie die letzteren ihr Neujahrsfest im April feiern. Das gleiche gilt für das Bauernfest, also die sichere Heimkehr der Bauern und ihrer Tiere. Das Êzîdentum sei älter als alle anderen monotheistischen Religionen[37]. So weist *Lalisch*, das Hauptheiligtum der Êzîden im Irak, wichtige Symbole der alten mesopotamischen Religionen auf[38]. Die Babylonier und die Sumerer hatten wie die Êzîden die Vorstellung, dass eine heilige Siebenschaft (gemeint sind die sieben Engel) existiert. Doch bis in die Gegenwart ist die Herkunft der Sumerer ebenfalls unklar[39]. Über die Frage des Ursprungs des Êzîdentums und seines genauen Alters lässt sich somit, weil es an Nachweisen fehlt, trefflich streiten. Allerdings dürfte das Êzîdentum doch wesentlich älter sein als bisher vermutet. Warum?

Die aktuelle Forschung bestätigt die êzîdischen Würdenträger darin, dass das Êzîdentum eine Religion der alten Indogermanen ist.[40] Die Indogermanen verehrten ähnlich wie die modernen Êzîden mehrere Götter. Wie die modernen Êzîden bestand die indoeuropäische Gesellschaft aus drei großen Kasten[41]. Der êzîdische Schöpfungsmythos ist indo-germanischen Ursprungs. Von seinen Grundlagen her kann man im Êzîdentum eine vorjüdische, indogermanische Religion sehen, ohne jetzt schon seine Entstehungschronologie nachvollziehbar erklären zu können. Der Glaube an den Chef- bzw. Oberengel *Tawisî Melek* als Herrscher über Leben und Tod und die sechs weiteren Engel sowie die Verehrung der Sonne weisen auf eine vorjüdische Religion hin. Alle diese Engel, die an den verschiedenen Wochentagen erschaffen worden

---

[34] Wir haben eine Geschichte von *fünf* Tausend Jahren, vgl. Êzdaname I, S. 20.
[35] Tosinê Reşîd 2010, S. 89.
[36] So z. B. Pir Khidir S. Kalil: An Introduction on Izidians And Lalish, Duhok 2009, S. 9.
[37] Tosinê Reşîd 2010, S. 89, Chaukeddin Issa: Pol Pascha und sein Sohn Schahab, in: Yêzîdische Helden 2011, (156-167), S.157. Beide stützen sich auf êzîdische Überlieferungstexte.
[38] Chaukeddin Issa 2007, S. 25.
[39] Johannes Düchting 2004, S. 22.
[40] Dazu Othman Mamou: Die Yeziden vor Sheikh Adi, in: http://www.yeziden.de/209.0.html. Der Begriff Indogermane ist umstritten, viele sprechen von Indoeuropäern. Ich habe mich für den ersteren entschieden, weil er präziser ist als der letztere.
[41] Johannes Düchting 2004, S. 43.

sind, haben sich nach êzîdischer Tradition und Lehre an der Entstehung des Universums substantiell beteiligt. Die meisten Forscher gehen davon aus, dass das Êzîdentum von einer vorislamischen Religion kurdischer Kultur wesentlich geprägt oder mit geprägt worden sei[42].

Gemeinsamkeiten mit „Geschwisterreligionen"

1. Êzîden als Zoroastrier?

Das Êzîdentum war wahrscheinlich früher eine polytheistische Gemeinschaft, die sich unter dem Druck des Islam und dessen Jahrhunderte lange Herrschaft bzw. Verfolgung und Bevormundung zu einer monotheistischen Religion entwickelt hat.

Êzîden gehören ihrer Geographie, Alltags- und Kultursprache nach zu den Kurden. Von der Mehrheit der Kurden werden sie als „kurdische Zoroastrier" verstanden. Fast alle Texte der Êzîden wurden und werden in Kurdisch vorgetragen. Es gibt unter Kurden „islamisch orientierte Kreise", die Êzîden als eine vom Islam abgespaltene ‚Sekte'[43] bezeichnen. Dies geschieht zu Unrecht, wie die folgenden Ausführungen verdeutlichen. Was sind die Êzîden wirklich? Sind Êzîden „kurdische Zoroastrier" oder nur eine „irregeleite islamische Sekte"?

Zunächst ist festzustellen, dass der Zoroastrismus eine vom Dualismus (ein Reizwort der Gegenwart[44]), also der kämpferischen Zwei-Welten-Lehre geprägte Religion ist. Auch wenn Teile der Kurden und Teile der Êzîden in Êzîden die parsischen Zoroastrier sehen, sehen sich die Zoroastrier nicht als Êzîden bzw. Kurden. Ähnliches gilt für die Mehrheit der Êzîden. Der Zoroastrismus ist erst im ersten Jahrtausend vor Christus entstanden. Er hat das Christentum und den Islam wesentlich beeinflusst. Er basiert auf der Vorstellung zwischen zwei polaren Sphären und geht davon aus, dass ein Weltgericht stattfinden wird. Dieses wird die „Bösen" belangen und die „Guten" belohnen. Der

---

[42] So z. B. Kreyenbroek/Rashow 2005, a.a.O., S. 3.
[43] Husein Muhammed: „ferheng" (siehe Literaturteil).
[44] Michael Stausberg: Zarathustra und seine Religion, München 2005, S. 18.

böse Geist wird endgültig besiegt und ein neues, ewiges Reich des *Ahura Mazda* wird entstehen.

Oben wurde gesagt, dass Teile der Êzîden sich als Zoroastrier sehen[45]. Doch êzîdische Autoren wie *Mamou Othman* und *Chaukeddin Issa* lehnen es ab, in Êzîden Zoroastrier zu sehen, anders *Jan İlhan Kızılhan* [46]. Kızılhans Ansicht ist politisch motiviert und von der Forschung überholt, sie kann wie folgt kurz zusammengefasst werden: Der von Êzîden gesprochene *Kurmancî*-Dialekt sei eng verwandt mit dem persischen *Pahlevi*-Dialekt. *Kurmancî* sei seinerzeit von den Medern, die als Vorfahren der Kurden gelten, gesprochen worden. Beide, Zoroastrier wie Êzîden, verehren das Feuer und nennen sich Sonnenanbeter. Beide werden durch Geburt Angehörige ihrer Religionsgemeinschaft. Ein Übertritt zu ihrer Religion ist bei beiden nicht oder noch nicht möglich.[47] Das „heilige" Buch der Zoroastrier sei auf Kurdisch geschrieben. Was *Kızıl-han* jedoch nicht erwähnt, ist, dass es meistens kurdisch-nationalistisch orientierte Êzîden sind, die sich Zoroastrier nennen. So hat sich der Zoroastrismus über eine längere Zeit unter den ost-iranischen Völkern, weit weg von den westiranischen Kurden entwickelt[48]. Das *Avesta* war zunächst nur verbal überliefert und wurde erst Jahrhunderte später niedergeschrieben. Die älteren Textteile des *Avesta* gelten als kaum verständlich[49].

Der „persische Zoroastrismus" ist vor allem durch Dualismus und Magie gekennzeichnet; das Êzîdentum ist durch einen Hochgott (*Xweda*) und seinen Oberengel (*Tawisî Melek*) geprägt. Die Auffassung, wonach Êzîden Zoroastrier seien, ist in Wirklichkeit politisch motiviert und lässt sich theologisch nicht begründen: Zwar existieren zwischen den Êzîden und den Zoroastriern viele religiöse Gemeinsamkeiten, aber auch viele essentielle Unterschiede. Der Zoroastrismus kennt anders als das Êzîdentum wesentliche Elemente wie z.B. die Verehrung des Chefengels der Êzîden nicht. Der Chefengel ist aber nicht irgendein beliebiges Element, sondern das Herzstück des êzîdischen Glaubens. Hiervon abgesehen kann der êzîdische Chefengel durchaus identisch sein mit *Zervan* in der zoroastrischen Religion. Doch aus *Zervan* gingen *Ahura Mazda*, der das Gute verkörpert, und sein Gegenspieler *Ahriman*, der böse Geist, hervor. So gesehen könnte *Tawisî Melek* das êzîdische Pendant zu *Ahura Mazda*

---

[45] So z. B. Jan İlhan Kızılhan 1997. S. 40 ff.
[46] Lalîş 2, 1995, S. 39.
[47] Es gibt keine Überlieferungstexte der Êzîden, die einem Übertritt im Wege stehen, Verf.
[48] Ähnlich Tosinê Reşîd 2010, S. 28.
[49] Eszter Spät 2010, S. 16.

sein, mit dem wesentlichen Unterschied aber, dass er den Dualismus des Zoroastrismus in sich vereint und kein Gegner Gottes ist, sondern loyal seines Gottes Pläne erfüllt.

Im Zoroastrismus wie auch im Êzîdentum hat es einen Pakt gegeben, es hat aber auch eine Stiertötung stattgefunden[50]. In der zoroastrischen Mythologie wird aber der Pakt nicht wie im Êzîdentum zwischen einem Hochgott und seinem Chefengel, sondern zwischen *Ahura Mazda* als Inbegriff des Guten und *Ahriman* als Inbegriff des Bösen geschlossen. Im Zoroastrismus ist die Welt vom Guten in idealer Form geschaffen, aber durch den Angriff des Satans zerstört worden. Demgegenüber ist im Êzîdentum die Stiertötung ein weltbefreiender Akt[51]. Und einen Engel des Bösen bzw. einen Teufel oder einen dämonischen Gott kennt das Êzîdentum auch nicht. Die „Heilige Schrift" Avesta spielt bei den Êzîden keine Rolle: Obwohl der Zoroastrismus Jahrhunderte lang die offizielle Staatsreligion in Iran war, wurde er nie von allen Bewohnern Kurdistans übernommen[52]. Der Zoroastrismus ist eine Schriftreligion, das Êzîdentum beruht auf mündlichen Überlieferungen.

Die Êzîden sind also keine Zoroastrier, haben aber gewisse Gemeinsamkeiten mit ihnen. Noch mehr Gemeinsamkeiten haben Êzîden mit den schiitisch-muslimischen *Yarasan* (*Ahl-i Haq*), die im Irak als auch im Iran leben. Sind Êzîden deswegen Yarasan oder umgekehrt?

2. Êzîdentum und Yarasan

Die Yarasan haben eine synkretistische Religion, die von *Sultan Sahak*, einem in der kurdischen *Sulaymania* geborenen Religionsführer, im späten 14. Jahrhundert n. Chr. gegründet wurde. Ihre religiöse Literatur ist meistens im *Gorani*-Dialekt des Kurdischen und zum Teil in Farsi verfasst. Dass Êzîden, Aleviten und Yarasan (auch *Yarsan* genannt), die alle Teil der autochthonen Bevölkerung Mesopotamiens sind, so viele Gemeinsamkeiten haben, ist wohl kaum zufällig. Die Forschung hat diesen Aspekt noch nicht hinreichend gewürdigt.

Yarasan und Êzîden glauben an einen Ober- bzw. Chefengel. Êzîden wie Yarasan kennen sieben Engel bzw. die sieben mystischen Wesen mit unterschiedlichen Funktionen. Beide haben zahlreiche gemeinsame

---

[50] Kreyenbroek/Rashow 2005, S. 25.
[51] Philip G. Kreyenbroek, in: Dengê Êzîdîyan, Dezember 2001, (67-68) S. 68.
[52] Mamou Othman, in: Kurdistan heute, Nr. 7 September/Oktober 1993, (23-26) S. 23.

Mythen und Sagen[53]. Beide fasten an drei Tagen im Jahr, richten sich beim Gebet nach der Sonne und erklären die Entstehung der Welt mit der Perlen- bzw. Schöpfungstheorie. Auch die die Erklärungsmodelle zur Weltentstehung stimmen nahezu überein: eine Perle, die Gott aus seinem Licht geschaffen hat. Es ist eine Urperle, mit der die Entstehung der Welt bzw. das universelle Dasein seinen Anfang nimmt[54]. Der Kosmos wird von einem Bullen und einem Wal getragen. In beiden Gemeinschaften hat Gott mit seinem Chefengel einen Pakt geschlossen, das Universum als Oberengel und Souverän auf ewig zu verwalten. Bei diesem Pakt haben alle Engel als Zeugen fungiert.

Diese Merkmale weisen auf einen gemeinsamen Hintergrund hin. Gleichwohl sprechen geographische und zum Teil auch philosophische Gründe dagegen, im Êzîdentum Yarasan zu sehen oder umgekehrt: Während Êzîden wegen ihrer essentiellen Unterschiede zum Islam nicht als eine „Sekte des Islam" gelten, betrachtet die Mehrheit der Yarasan sich als schiitische Muslime.

Allerdings muss man wissen, dass die Glaubensvorstellungen der Yarasan substantiell mehr jüdisches, christliches und zoroastrisches Gedankengut aufweisen als islamisches[55]. Vielfach stellen sich die Yarasan nach außen als eine islamisch-schiitische Sekte dar, um innerhalb des Islam überhaupt überleben zu können. Entsprechend werden die Yarasan von muslimischen Schiiten akzeptiert[56]. Anders als bei den Êzîden stehen die Yarasan auch solchen Personen offen, deren Eltern nicht Yarasan sind. Wer Yarasan werden will, muss einen Ritus vollziehen[57]. Hingegen werden die Êzîden in vielen islamisch-arabischen Staaten als Ungläubige bzw. „Teufelsanbeter" tituliert[58]. Die Êzîden sprechen nordkurdisches *Kurmancî*, die meisten Yarasan sprechen *Goranî*. Die Yarasan kennen keine Einteilung in Heiratsgruppen, doch Êzîden schon. Êzîden gibt es hauptsächlich unter Kurden, Yarasan finden sich in drei oder vier Ethnien. Gleichwohl ist nicht unwahrscheinlich, dass beide einst einen gemeinsamen Ursprung hatten.

---

53 Philip G. Kreyenbroek 1995, S. 54.
54 Qewlê Zebûnî Meksur, in: Êzdaname I, S. 205 ff. Siehe dazu auch den Abschnitt über die êzîdische Schöpfungstheorie.
55 So ähnlich z. B. Johannes Düchting 2004, S. 372.
56 Vgl. Behrouz Geranpayeh: Yarasan – die Freude der Wahrheit: Religion und Texte einer vorderasiatischen Glaubensgemeinschaft, Göttingen 2006 (Diss.), S. 7, 66.
57 Johannes Düchting 2004, S. 374.
58 Celalettin Kartal: Islamische Gottesrechte versus säkulare Menschenrechte, Norderstedt 2014, S. 26.

3. Êzîdentum und Alevitentum

Historisch wurden die Aleviten meistens von islamischen Rechtsgelehrten Jahrhunderte lang als Häretiker und *Kerzenlöscher* gebrandmarkt.

Als Aleviten werden Angehörige verschiedener religiöser Gruppen bezeichnet, die *Ali Ibn Abi Talib (reg.* 656 bis 661 n. Chr.), den Schwiegersohn Mohammeds bzw. den vierten Kalifen, verehren. Grund, Ursache und Entstehung der Verehrung des vierten Kalifen *Ali* durch Aleviten sind noch nicht hinreichend erforscht. Auf den Kalifen *Ali* berufen sich aber auch die schiitischen Muslime, obwohl sie mit Aleviten aus Anatolien und Kurdistan kaum etwas gemeinsam haben. Darüber hinaus stellt die Verehrung des islamischen Kalifen *Ali´s* durch Aleviten einen Widerspruch zum alevitischen Verständnis von Religion, Gottesbild und Menschsein dar. Das Alevitentum speist sich aber auch aus der vorislamischen Zeit.

Wichtig ist zu wissen, dass türkische Aleviten sich vornehmlich auf *Hacı Bektaşi Veli* (1209-1271 n. Chr.) berufen. *Bektaşi Veli* war ein Mystiker und bildet bis in die Gegenwart eine Inspirationsquelle für Aleviten oder eines Teils von ihnen[59].

Das Alevitentum ist wie das moderne Êzîdentum keine Schriftreligion. Die religiösen Vorstellungen der Gemeinschaft wurden weitgehend mündlich weitergereicht. Anders als die Êzîden bilden die Aleviten ethnisch und linguistisch eine heterogene Gruppe. Aleviten sind sowohl unter Türken als auch unter Kurden vertreten. Die türkischen *Bektaşiten* bilden eine offene Gemeinschaft, die kurdischen *Aleviten* nehmen wohl keine Außenstehenden in ihre Gemeinschaft auf. Traditionell wohnten die türkischen Aleviten in Zentralanatolien, die kurdischen konzentrierten sich in *Dêrsim* und die angrenzenden Provinzen Kurdistans.

Nach alevitischer Vorstellung manifestiert sich das Göttliche in jedem Lebewesen[60]. So kann der Mensch seine Pflichten allein durch Beten, Fasten und Pilgern nicht erfüllen. Eine ähnliche Vorstellung liegt auch den êzîdischen Texten zugrunde [61]. Der alevitischen Lehre zufolge

---

59 Siehe z. B. Ali Duran Gülçiçek, a.a.O., S. 56.
60 Eine ähnliche Vorstellung existiert auch im Buddhismus, Marc Gellman un-Thomas Hartman: Religionen der Welt für Dummies, 2008, S. 65.
61 Qewlê Dayik û Baba, in: http://www.yeziden.de/349.0.html.

braucht der Mensch Vernunft und Urteilskraft. Nach den Êzîden muss der Mensch sich von Eigenverantwortung und Vernunft leiten lassen. Alles Handeln soll also ethisch sein. Erst die Vernunft macht es dem Menschen möglich, als Subjekt zu agieren.

Die soziale Organisation, die Philosophie sowie die Heiligenverehrung von Aleviten und Êzîden weisen wichtige Ähnlichkeiten auf: Unter Aleviten gibt es wie bei Êzîden erbliche bzw. religiöse Würdenträger[62]. Die *dede* bzw. *pîrs* gehören zu der religiösen Führungsschicht; sie erfüllten wie bei den Êzîden ihre religiösen und sozialen Aufgaben. Heiraten zwischen den zahlreichen Abstammungsgruppen *(ocak)* und den ihnen erblich zugeordneten Laien waren traditionell verboten. Im Êzîdentum gibt es drei Kasten, im Alevitentum gibt es zwei Kasten. Wie im Êzîdentum und im Zoroastrismus gelten im Alevitentum die vier bzw. fünf Elemente (Luft, Erde, Wasser, Licht, Himmel) als heilig. Sowohl bei den Aleviten als auch bei den Êzîden ist das Töten von Menschen strengstens untersagt. Während Muslime in die Moschee gehen, verrichten die Aleviten ihre sozialen und religiösen Zeremonien in ihren eigenen *Cem-Häusern*. Aleviten wie Êzîden verehren den Heiligen *Khidir-Ilyas*, eine der zentralen Figuren im Volksglauben Anatoliens und Kurdistans. Im Alevitentum steht der Mensch im Zentrum des Interesses, für Êzîden ist Askese, Frömmigkeit, aber auch Humanismus von Relevanz.

Aleviten wie Êzîden haben keine oder kaum Gemeinsamkeiten mit dem Islam. So ist die Zugehörigkeit der Aleviten zum Islam nach wie vor umstritten. Die Aleviten erkennen die Scharia, die islamische Rechtsordnung nicht an. Der Koran oder seine Teile gelten als unecht[63]. Der Stifter und der Prophet des Islam, *Mohammed*, spielt keine hervorgehobene Rolle. Während ein Teil der Aleviten sich als Muslime sieht, verstehen sich andere als eine eigenständige Religion mit eigener Geschichte und Kultur[64]. So werden die allgemein verbindlichen fünf Säulen des Islam von den Aleviten nicht befolgt. Wo Gemeinsamkeiten mit dem Islam bestehen, sind sie wie im Êzîdentum wohl erst nachträglich übernommen worden. Wie im Êzîdentum sollte die Übernahme islamischer Vorschriften vor allem das Überleben der Aleviten innerhalb des orthodoxen Islam sicherstellen.

Sicher ist, dass das Alevitentum gewisse Gemeinsamkeiten mit den muslimischen Schiiten aufweist, z. B. die Verehrung des vierten Kalifen *Alî*. Gleichwohl sind die Unterschiede zwischen beiden so fundamental,

---

[62] Siehe zu den alevitischen Würdenträgern, Gülçiçek 1996, S. 62f.
[63] So Kehl-Bodrogi, Kriszetina: Die Aleviten, in: Klöcker/Tworuschka: Handbuch der Religionen, München 2008, (1-12), S. 4.
[64] Dazu lesenswert Janros Keles, ebda, S. 183.

dass sie nicht als muslimische Schiiten oder Muslime überhaupt klassifiziert werden können. Bis auf weiteres kann angenommen werden, dass die Verehrung von *Ali*, dem vierten Kalifen, nachträglich entstanden ist. Auch der Name *Alevit* (kurd. *Elewî*) ist erst seit dem 19. Jahrhundert in Gebrauch, davor wurden sie von den Osmanen *Kızılbash* (Rotkopf) genannt bzw. radikal bekämpft. Im Osmanischen Reich stand die Bezeichnung *Kızılbash* als Synonym für Ungläubige. Die Aleviten wurden vielfach der Abhaltung ritueller Orgien und der Begehung des Inzests beschuldigt[65]. Vorurteile gegenüber den Aleviten einerseits und die „alevitenfeindliche Politik" der Osmanen anderseits führten zu einer sozialen, politischen und ökonomischen Isolation sowie Marginalisierung derselben.

Auch Aleviten wurden ähnlich wie Êzîden im Osmanischen Reich als Religionsgemeinschaft nicht anerkannt. Diese Leidensgeschichte haben Êzîden und Aleviten gemeinsam. Beide galten im Osmanischen Reich als Häretiker bzw. Ungläubige. Offizielle Anerkennung als Religionsgemeinschaft ist den Aleviten bisher nur in Deutschland zuteil geworden. In der Bundesrepublik Deutschland, wo wahrscheinlich mehr als 400.000 Aleviten leben, findet gegenwärtig auch bei den Aleviten eine Neuorientierung bzw. Neudefinition ihres Glaubens statt. In der Türkei gehören sie zu der zweitgrößten Glaubensgemeinschaft. Der Anteil der Aleviten an der Gesamtbevölkerung der Türkei beträgt Schätzungen zufolge zwischen 11 und 15 Millionen.

Die Aleviten sind wie die Êzîden eine sehr flexible Gemeinschaft. Alles was ihrer Lehre und Lebensphilosophie nicht direkt widerspricht bzw. den Gemeinschaftsinteressen dient, wird in ihre Philosophie integriert. Den Aleviten zufolge gibt es für die Lösung von Problemen 1001 Wege. Auch die Êzîden vertreten eine ähnliche Meinung. Die eine Gemeinschaft sieht in *Ali*, dem vierten Kalifen, eine Inkarnation Gottes, die andere sieht in *Sheikh Adi*, dem Reformer, eine Inkarnation ihres Oberengels. Aleviten berufen sich aus historischen, psychologischen aber auch aus Gründen des Selbstschutzes auf islamische Kalifen. Êzîden haben einige islamische Mystiker in ihre Texte integriert. Alles deutet daraufhin, dass Êzîden, Aleviten und *Yarasan* einen gemeinsamen Ursprung haben. Allerdings sind diese drei Gemeinschaften noch weitgehend unerforscht. Die sich noch am Anfang befindliche Forschung über Êzîden, Yarasan und Zoroastrier kann helfen, das moderne Alevitentum und seine Wuzeln besser zu verstehen.

---

[65] Kriszetina Kehl-Bodrogi, a.a.O., S. 2.

Unterschiede zu Universalreligionen

Judentum, Christentum und Islam weisen gemeinsame Wurzeln auf. Alle diese drei Religionen haben „Fundamentalisten" hervorgebracht: Im Judentum existieren wichtige orthodoxe Strömungen, im Christentum gibt es protestantische Fundamentalisten, im Islam gibt es militante Islamisten (*Jihadisten*). Zwei von diesen Religionen, Christentum und Islam, praktizieren nach wie vor die Missionierung und zwar auch unter der Negierung der grundrechtlich geschützten Bürger- und Menschenrechte. Namentlich die Missionare lehnen mitunter vor allem den negativen Teil der grundrechtlich geschützten Religionsfreiheit ab. Christentum und Islam haben grausame Kriege im Namen ihrer Religionen geführt und Genozide legitimiert. Wie steht es mit dem Êzîdentum? Was unterscheidet das Êzîdentum von den monotheistischen Weltreligionen wie Judentum, Christentum und Islam?

Anders als die Weltreligionen zeichnet sich das Êzîdentum durch eine besondere „Naturliebe" [66] und durch Pazifismus aus. Êzîden hegen ähnlich wie Aleviten, Zoroastrier und Yarasan[67] einen tiefen Respekt vor den Naturelementen wie Feuer, Luft, Wasser, Licht und Erde. Viele Gebote bzw. Verbote weisen einen Bezug zu Feuer und Erde auf. Insbesondere der Sonne kommt eine gewisse Verehrung zu. Êzîden küssen ad hoc die Gräber ihrer Heiligen; tanzen um Bäume herum; klammern sich um Bäume; heben respektvoll herabgefallenes Brot vom Boden auf; wickeln Stoffe um bestimmte Bäume, statten Besuche bei gewissen Bäumen ab oder bitten um Erlaubnis, ihrer Fingernägel schneiden zu dürfen[68]. Ist das nicht prinzipiell eine pazifistische Haltung?

Der Pazifismus beinhaltet alle Bestrebungen und Bewegungen, „die Frieden und Gewaltfreiheit im Umgang der Menschen und Staaten [...] propagieren" und gleichzeitig als die Voraussetzung ihres Handelns ansehen[69]. Er ist eine moderne Erscheinung des durch viele Kriege zermürbten Europas. Insbesondere lehnt er die kriegerischen Handlungen ab[70].

---

[66] Kemal Tolan: Istanbul 2006, a.a.O., S. 148.
[67] Vgl. Behouz Geranpayeh: Yarasan 2006, a.a.O., S. 68.
[68] Gisela Prieß: Dezember 2009, (13-17) S. 16 (siehe Literaturteil).
[69] Everhard Holtman, Heinz Ulrich Brinkmann, Heinrich Pehle (Hrsg.): München 1994, S. 447.
[70] Everhard Holtman, Heinz Ulrich Brinkmann, Heinrich Pehle (Hrsg.), München 1994, S. 447.

„Die schrecklichsten Kriege wurden nicht geführt, weil man Gebiete erobern wollte, sie wurden geführt, weil man Ideen verbreiten wollte"[71]. Christentum und Islam erheben einen absoluten Wahrheitsanspruch. Diese ihre Ansprüche haben vielfach zu Religionskriegen, Verfolgung, Grausamkeit geführt und unendliches Elend in der Welt ausgelöst. Nach christlichen Vorstellungen ist der einzelne Mensch durch die Erbsünde vorbelastet. Er bedarf der Gnade Gottes, um das Böse zu überwinden. Im Êzîdentum ist der Mensch naturnotwendig verpflichtet im Dienste der Menschheit, „gute Werke" zu vollbringen. Hingegen schränkt der theoretische Islam die Freiheit des Menschen in vielen Bereichen wesentlich ein. Er kennt keine modernen Menschenrechte. Vielmehr gelten Menschenrechte als „Gottesgeschenke", die Gott jederzeit willkürlich rückgängig machen kann. Gott kann Menschen auf den rechten Weg leiten, aber auch in die Irre führen. Die Freiheit des Menschen ist durch den Koran und die Sunna bzw. Gewohnheiten des Propheten erheblich und elementar eingeschränkt. Die beiden großen christlichen Kirchen sind nicht per se gegen den Krieg und kriegerische Handlungen. Gewalttätige Handlungen werden auch in der Moderne von den Kirchen gerechtfertigt. Kirchen waren und sind in ihrer Haltung antipazifistisch orientiert[72].

Das Êzîdentum ist von seinen textlichen Grundlagen her eine friedfertige Religion. Allerdings haben auch Êzîden in ihrer Historie ihre sozialen und politischen Konflikte und Blutfehden vielfach mit Waffengewalt ausgetragen oder austragen müssen. Ihre erst in neuerer Zeit veröffentlichten Texte, die von Generation zu Generation weitergegeben wurden, enthalten gewisse Hinweise auf gewaltsam ausgetragene Konflikte[73]. So mussten sich êzîdische Stämme in ihrer Historie mit Armeniern zusammen tun, um sich gegen die muslimische Übermacht der Osmanen wenigstens teilweise behaupten zu können[74]. Sie haben aber in ihrer Historie keine Eroberungskriege oder Angriffskriege gegen Nachbarvölker oder Stämme geführt, geschweige denn solche religiös legitimiert. Wie sieht das Êzîdentum in der Theorie aus?

Das Êzîdentum weist zentrale Prinzipien auf, die den pazifistischen Charakter dieser Religion rechtfertigen. In ihren Gebeten propagieren die Êzîden den Schutz der „72 Völker" einschließlich sich selbst. Das Êzîdentum verfügt über einen zwingend-pazifistischen Konfliktregelungsmechanismus. Ihre Grundsätze verbieten es, Konflikte gewaltsam

---

[71] Régine Deforges, Pauline Réage: Die O hat mir erzählt, Berlin 1994, S. 109.
[72] Wolfram Beyer: Pazifismus und Antimilitarismus, Stuttgart 2012, S. 211.
[73] Vgl. z. B. die êzîdischen Texte, in: Kemal Tolan 2000, S. 39f., 47f., 52-68.
[74] Eskerê Boyîk, in: Mehfel 2, (1-19) S. 6.

auszutragen oder Menschen zu töten. Weder dürfen schwache Menschen ausgegrenzt, noch ausgebeutet oder jedwede Ungerechtigkeiten gefördert werden. Nur friedliche Absichten dürfen im Umgang mit Konfliktparteien gefördert bzw. unterstützt werden; Sozialbedürftigen muss geholfen werden[75]. Insbesondere muss der Êzîde respektvoll mit allen Menschen anderer Nationen umgehen [76] sowie Schaden von ihnen und der Natur insgesamt abwenden. Er darf nicht hinter dem Eigentum und dem Besitz fremder Menschen her sein. Nur wenn er sich tatsächlich so verhält, befindet er sich auf dem Weg Gottes, dem Pfad *Ezdas*.

Êzîdische Texte enthalten keine Beschimpfungen in Bezug auf Nicht-Êzîden. Der Prophet Mohammed wird als *idealer Mensch* beschrieben.[77] Dies gilt auch für *Moses* und weitere Propheten: *Moses* gilt sogar als der „Fürsprecher Gottes", *Jesus Christus* soll aus dem „Lichte Gottes" geschaffen worden sein[78]. Beide werden wie Heilige in den êzîdischen Texten erwähnt.

Diese offenbar kritiklose Sichtweise über die drei Propheten kann nur so erklärt werden, dass Êzîden die Lehre und Vorstellungen der anderen Religionen sich zu Eigen machen. So akzeptieren Êzîden vorbehaltlos andere Religionen, was umgekehrt nicht bzw. nur selten der Fall ist. Es ist anzunehmen, dass diese Haltung mit dem Grundsatz des dem Êzîdentum innewohnenden Nicht-Missionierens eng zusammenhängt. Hingegen enthalten der Koran in Bezug auf Juden und „Nichtgläubige" als auch das Alte Testament in Bezug auf Nicht-Juden eine krasse und „feindliche" Sprache. Das Alte Testament ist sogar in seiner Wortwahl [79] gegenüber Nicht-Juden und Völkern zum Teil erheblich krasser als der islamische Koran.

Im Êzîdentum gilt der Krieg als eine absolute Sünde. Weitere Grundsätze bestätigen den pazifistischen Charakter des Êzîdentums: Êzîden sind ihren überlieferten Texten nach gehalten, gute Werke zu vollbringen[80], ihre Zungen im Zaun zu halten und ihre „Lende" zu beherrschen. Êzîden sollen, „alle Völker, Kreaturen und Nationen mit

---

[75] Emîn Akbaş, Êzdiyatî-1, 2009, S. 15.
[76] Emin Akbaş: Êzdiyatî -1 2009, S. 8.
[77] Eszter Spät 2010, S. 487.
[78] Damit wird er in den Rang eines Engels gehoben.
[79] Dtn. 7, 2; 20,13-14; 20,16; Jos. 6, 21; Jer 48,10, Die gute Nachricht – Die Bibel in heutigem Deutsch, 1982.
[80] The Hymn of Faith, in: Philip G. Kreyenbroek 1995, S. 191.

Respekt" behandeln; Gesetze anderer bzw. aller Länder sind unbedingt zu befolgen[81].

Allerdings können êzîdische Texte mit dem Koran oder der Bibel nicht gleichgesetzt werden, obwohl sie für Êzîden von überragender Bedeutung sind[82]. Einen politisch-ideologischen Absolutheitsanspruch wie im Islam kennt das Êzîdentum nicht. Êzîden lassen sich auch nicht mit „ultraorthodoxen Juden" vergleichen, die das Studium bestimmter Kernfächer aus religiösen Gründen ablehnen und sogar für die Geschlechtertrennung in der Öffentlichkeit eintreten, weil die Thora für sie als unveränderliches Wort Gottes gilt. Êzîden achten zwar auf die Einhaltung von Feierlichkeiten oder die Einhaltung der Verbote/Gebote, wenn sie praxisrelevant sind, doch verhalten sie sich kaum dogmatisch.

Das Êzîdentum ist im Wesentlichen auf sich selbst zentriert. Die êzîdischen Vereine in Deutschland treten mit Erklärungen nach außen, um sich von jedweder Gewalt zu distanzieren. Dem Êzîdentum ist der Grundsatz des Missionierens fremd, der wesentlich zum Islam und Christentum gehört[83]. Von seinen textlichen Grundlagen her ist dem Êzîdentum der „christliche Fundamentalismus" oder der „kämpferische Krieg" der Muslime völlig fremd. Der offizielle Islam versteht den Koran als das unverfälschte, authentische Wort Gottes. Danach hat Allah „von den gläubigen Muslimen ihr Leben und ihr Gut für das Paradies erkauft. Sie sollen kämpfen in Allahs Weg und töten und getötet werden [...]"[84]. Das Christentum sieht die Bibel als das Zeugnis Gottes. Christliche Fundamentalisten gehen einen Schritt weiter und sehen sogar in der Bibel das authentische Wort Gottes.

Das Êzîdentum kennt keine Rechtsgelehrten, die offiziell Gutachten (*fatwa*s) gegen „Feinde des Islam", Apostaten und „Ungläubige" erlassen dürfen. Es kennt keine Gebote/Verbote, die die Êzîden dazu anhalten, Freundschaften mit Nicht-Êzîden zu unterlassen. Es hat keinen unveränderbaren Normenkatalog, der beansprucht unmittelbar und für ewig zu gelten. Im offiziellen Islam gilt der Koran als Gottes authentisches, unverfälschtes und letztgültiges Wort. Wer den Koran und dessen einzelne Verse hinterfragt, sie analysiert oder gar als Menschenwerk betrachtet, gilt als Häretiker[85]. Anders als der Islam kennt die êzîdische

---

[81] Philip G. Kreyenbroek 1995, S. 8, 10.
[82] Celalettin Kartal: Nirxandina pirtûka bi navê Êzdaname (siehe Literaturteil). Philip G. Kreyenbroek, in: Erhard Franz (Hrsg.), Hamburg 2004 (23-33), S. 26.
[83] Johannes Düchting 2004, S. 582.
[84] Koran, Sure 9, Vers 111.
[85] Ursula Spuler-Stegemann: Ist die Alevitische Gemeinde Deutschland e. V. eine Religionsgemeinschaft, Marburg im Juli 2003, S. 25 (Gutachten).

Theologie keine klassische Teilung in zwei separate Sphären; in die des Herrschaftsbereichs des Islam und in die des Kriegsgebiets.

„Anpassung ist die Stärke der Schwachen"[86]. Eine Volksreligion oder eine kleine Gemeinschaft mit pazifistischen Grundsätzen ist flexibler und somit eher in der Lage, sich auf andere Gemeinwesen und Gesellschaften sowie Kulturen einzustellen als die drei großen Weltreligionen. Warum? Die universalistischen Religionen wie Christentum und Islam sind auf notfalls gewaltsame Durchsetzungsfähigkeit und Einflusserweiterung bedacht. Kleine Volksreligionen konzentrieren sich auf ihre eigenen Angehörigen. Hingegen sind bestimmte Angehörige fundamentalistischer Religionen ständig auf der Suche nach neuen Anhängern für ihren Glauben. Für einen besonders frommen Muslim oder Christen ist es ein Anliegen, einen Nichtangehörigen zum wahren Glauben zu bekehren. Aus der Sicht eines Christen/Muslims ist „der andere" solange nicht gleichwertig, solange er nicht dem Christentum oder dem Islam angehört. Dieser Eifer fehlt den Angehörigen von kleinen Volksreligionen wie den Êzîden.

Wie dargelegt, weist das Êzîdentum von seinen textlichen Grundlagen her pazifistische Strukturen und Elemente auf. Êzîden haben prinzipiell keine religiösen Hemmungen, ihre primären Überlieferungen neu auszulegen, zu ergänzen oder nach historischen Gesichtspunkten zu interpretieren bzw. sie als Legenden abzuqualifizieren.

„Geschichte der Wehrlosen?"

Eine Geschichte, die nur mündlich memoriert ist, hat den *fatalen* Nachteil, dass sie irgendwann lückenhaft wird und sich im Laufe der Zeit Mythen mit Legenden vermischen.

1. Êzîdentum vor der Expansion des Islam

Alle Minderheiten und sonstigen Gemeinschaften benötigen eine angemessene Geschichte, die eine essentielle Bedeutung für ihre Gegenwart erhält sowie zu ihrem Überleben und Zusammenhalt beiträgt. Geschichte in diesem Sinne ist einzig jene Vergangenheit, die im

---

[86] Das treffende Zitat, ausgewählt von Lothar Schmidt, S. 9.

Bewusstsein der Menschen gestaltend weiterlebt[87]. Sie sollte aber auch die Funktion haben, Erfahrung und Weltdeutung an eine neue Generation ungebrochen weiterzugeben[88]. Was weiß die Forschung über die Geschichte der Êzîden?

Die Geschichte der Êzîden ist nicht von ihnen selbst, sondern von gewissen Missionaren, Orientalisten und ihnen gegenüber prinzipiell feindlich eingestellten islamischen Rechtsgelehrten, jedoch selten von „objektiven Forschern" geschrieben worden. Man kann in Êzîden eine Gemeinschaft sehen, die ihre Religion und Tradition immer nur mündlich weitergeben musste. Eine Gemeinschaft, die den Umständen entsprechend keinen anderen Ausweg sah, als ihre Historie vor allem in ihren Liedern zu fixieren. Schriftliche Berichte über Êzîden gibt es fast ausschließlich von Nicht-Êzîden, entsprechend skeptisch muss der Forscher ihren Inhalt auswerten. Sind Dokumente und sonstige zuverlässige Berichte über Êzîden und ihre Geschichte nicht oder nicht ausreichend vorhanden, so kommt auch der Forscher nicht umhin, Spekulationen Raum zu geben. Was behaupten die Kurden bzw. die Êzîden über ihre Geschichte?

Ein Teil der Kurden behauptet, dass Êzîden wie Kurden von Medern abstammen. Das Kerngebiet Medien (728-550 v. Chr.) umfasste das Zagrosgebirge, wo die Kurden noch heute leben. Die Vertreter dieser Meinung stützen sich zumeist auf die Publikationen von *Wladimir Minorski*, der von einer sprachlichen Verwandtschaft der kurdisch-medischen Sprachen ausging. Gemeint ist jedoch eine sprachliche Verwandtschaft, über die so gut wie keine Belege existieren, weswegen die Forscher diese Hypothese als nicht nachvollziehbar ablehnen[89]. Gewisse Êzîden hingegen behaupten, dass für Êzîden nach der Eroberung Mediens eine „Periode der Dunkelheit" eingesetzt hätte, weil sie nun im Namen der Religion verfolgt bzw. umgebracht werden konnten.[90] So soll die Machtübernahme durch persische Sassaniden zur Änderung grundlegender Inhalte des Êzîdentums geführt haben[91]. Welche religiösen Änderungen mit der Machtübernahme verbunden waren, wird nicht weiter ausgeführt.

---

[87] Das treffende Zitat zu Politik, ausgewählt von Lothar Schmidt 1986. S. 100.
[88] Sebastian Bock, Kleine Geschichte des Volkes Israel, Basel; Wien 1989, S. 30.
[89] Medien (Land), vgl. http://de.wikipedia.org/wiki/Medien_%28Land%29#Spekulationen_.C3.BCber_die_Verwandtschaft_von_Kurden_und_Medern.
[90] Êzdaname I, Weşanên Lalîş 2, Bielefeld 2002, S. 16.
[91] Êzdaname I, ebda, S. 17.

Wie dargelegt, behaupten Êzîden, dass ihre Religion vier bzw. fünftausend Jahre alt sei[92]. Und doch finden sich in den êzîdischen Texten Anspielungen auf den ersten Kalifen *Abu Bakr* (reg. 632-634 n. Chr.), den Schwiegervater des Propheten *Mohammed*, ebenso auf einige islamische Mystiker. Dazu muss man allerdings wissen, dass die meisten ihrer Texte erst im 11. bzw. 12. Jahrhundert entstanden sind. So ist die bei den Êzîden verbreitete Vorstellung, dass ein Paradies existiert, auf den Sufismus im Islam zurückzuführen. Ein Gleiches gilt für die Beschneidung der Knaben und das islamische Opferfest als weitere gemeinsame Merkmale dieser Religionen. Gleichwohl hat das Êzîdentum mit seinen zentralen Elementen so gut wie nichts mit dem Islam gemeinsam: Anders als im Islam gibt es im Êzîdentum keine Einteilung der Menschen in Rechtgläubige (Muslime), Schriftbesitzer (Juden, Christen) und Ungläubige (Götzendiener). So legen Teile der Überlieferungstexte der Êzîden und ihre Lehre nahe, im Êzîdentum und in einer spezifisch êzîdischen Philosophie eine vorislamische, vorchristliche Religion zu sehen[93].

1. Die Phase der Islamisierung Mesopotamiens

Mit dem Eindringen der islamischen Heere und der Verbreitung der islamischen Ideologie in Mesopotamien (637 n. Chr.) begann die schicksalhafte Leidensgeschichte der Êzîden, die bis in die Gegenwart fortdauert. Die Êzîden mussten damals wie heute um ihr Überleben und das Überleben ihrer Angehörigen fürchten, aber auch dafür kämpfen. (In der weiteren Forschung könnte die historische Konfrontation der Êzîden mit dem Islam, der neuen Religion, in mehrere Phasen eingeteilt und entsprechend gesondert untersucht werden[94]).

Es steht in der Forschung fest, dass das islamische Heer zu einem für die Völker bzw. die Gemeinschaften sehr sensiblen Zeitpunkt in Mesopotamien (637 n. Chr.) eindrang. Die dominierenden Mächte der Region hatten sich in langen Kriegen verbraucht. Die Byzantiner (Ostrom, in arabischen Quellen meist Römer genannt), Sassaniden und Armenier bekriegten sich unerbittlich. Die Vorstöße muslimischer Heere nahmen sie zunächst nicht ernst. Zumindest anfangs waren alle überrascht, die

---

[92] Vgl. z. B. Êzdaname I, S. 13.
[93] Vgl. Tosinê Reşîd 2010, S. 89.
[94] Siehe Forschungsthemen im Êzîdentum in diesem Buch, S. 121 f.

Eroberer wie die Eroberten[95]. Offiziell hieß es, das islamische Heer wolle der weiteren Christianisierung Mesopotamiens ein Ende setzen. In Wirklichkeit ging es aber dem Islam vor allem um die Ausweitung des eigenen Herrschaftsbereichs, der Gewinnung neuer Anhänger, der Bekämpfung der Polytheisten (also jene, die nach dem Koran entweder nicht an Allah glauben oder mehreren Göttern anhängen) sowie der Erschließung neuer Geldquellen (Erhebung der Steuer). Bereits innerhalb weniger Jahre, nachdem die islamischen Heere in Mesopotamien eindrangen, wurden Kurden und darunter vor allem Êzîden unweigerlich zur Zielscheibe der neuen Religion: Schon in der ersten Phase der Zwangsislamisierung fielen in Kurdistan mehr als 50.000 Menschen den kriegerischen Auseinandersetzungen zum Opfer. Große Teile von Êzîden wurden in die arabische Wüste vertrieben: Städte und Gebetsorte wurden zerstört; viele Schriften verbrannt[96]. Es fand ein Genozid an Kurden und Êzîden statt. Tausende Kurden wie auch Êzîden wurden genötigt, die neue Religion, den Islam anzunehmen, andere mussten in die unzugänglichen massiven Bergregionen flüchten. Wer als Êzîde nicht den eigenen Tod und den seiner Familienangehörigen riskieren wollte, sah sich gezwungen, den Islam anzunehmen. Viele Konvertiten, die vor der Ankunft der islamischen Heere entweder Kurden oder Êzîden waren, kollaborierten mit der islamischen Armee freiwillig. Nicht selten versprachen sich die neuen Konvertiten von der Zusammenarbeit mit den neuen islamischen Herrschern ökonomische Vorteile[97]. Nicht wenigen von ihnen wurden Titel wie *sheikh*s und *seyid*s (siehe Glossar) verliehen.

Im Allgemeinen war jedoch die Zwangsislamisierung Mesopotamiens für die vielen kleinen Gemeinschaften mit massiven Nachteilen verbunden. Warum? Die erzwungene Aufgabe der eigenen Götter einerseits und deren vielfach inszenierte Zerstörung anderseits löste eine Welle von Angst und Schrecken in Mesopotamien aus. Das aber führte allmählich zu einer starken Feudalisierung der Gesellschaft und brachte neue dogmenorientierte kulturelle Einflüsse mit sich. Insofern war der Einfall der islamischen Armee für die Völker Mesopotamiens eine Art Zusammenstoß von Kulturen (*cultur clash*), in der Konsequenz ein zivilisatorischer Rückschritt. Grund: Weite Teile von Mesopotamien waren wegen der massiven Bergregionen nur indirekt kontrollierbar. In diesen Regionen blieb der Widerstand auch nach der Übernahme des Islam lebendig. Die Aufstände gegen den Islam endeten daher nicht

---

[95] Gudrun Krämer: Geschichte des Islam, 2. Auflage, München 2011, S. 33.
[96] Êzdaname I, S. 17 f.
[97] Ähnlich Philip G. Kreyenbroek: Religion and Religions in Kurdistan, Philip G. Kreyenbroek and Christine Allison: Kurdish Culture and Identity, London 1996, (85-110) S. 92.

selten mit einem massenhaften Abfall vom Islam[98]. Insbesondere bei der Bevölkerung in den massiven Bergregionen Kurdistans traf die Islamisierung auf heftigen Widerstand. Immer wieder mussten die Rebellen von islamischen Heerführern und Statthaltern zur Räson gebracht werden. Geschichtlich überliefert ist die Rebellion der Kurden zur Zeit des Kalifen *Moutassam Billah* (reg. 830-842 n. Chr.). Ein Grund für diese Rebellion dürfte vor allem darin zu suchen sein, dass die arabischen Abbasiden (750 – 1517 n. Chr.) nicht alle ethnisch unterschiedlichen Gemeinschaften gleich behandelten, insbesondere die nicht arabischen Völker wurden massiv benachteiligt. Da Kurden und Êzîden – wie viele andere Gemeinschaften auch – ihre Kultur und Religion nicht einfach aufgeben wollten bzw. die neue Religion nicht wie gefordert praktizierten, gehörten sie zu den Opfern der Abbasidenherrschaft[99] (749/750-1258 n. Chr.). Auch zur Zeit des Kalifen *al-Muktafi* (reg. 902 bis 908 n. Chr.) erhoben sich große Teile von Kurden und Êzîden abermals gegen die Abbasiden. Nach mehreren zum Teil großen Niederlagen, Verwüstungen sowie Plünderungen mussten sich die Êzîden und die Kurden ergeben[100]. Auf diese Weise setzte der Islam meistens seine Herrschaft auch in der zum Teil sehr schwer zugänglichen Bergwelt Kurdistans mit dem Schwert durch, nicht selten aber mit bestimmten Drohungen[101].

Dazu muss man wissen, dass vor dem Aufkommen des Islam bzw. der Islamisierung Mesopotamiens sich das Zweistromland zu einem Schmelztiegel der Völker und Kulturen entwickelt hatte. Die Jahrhunderte lange religiöse Toleranz ermöglichte das Einströmen neuer Glaubensvorstellungen. Zunächst entwickelten sich die ersten Religionen, vor allem Naturreligionen wie das Êzîdentum. So hatte jede der Städte in Mesopotamien ihre eigenen Gottheiten. Gemeinsam war diesen Religionen, dass die Himmelslichter Sonne und Mond sowie die Planeten zumeist als Hauptgottheiten verehrt wurden. Selbst bei der Eroberung der Städte durch neue Herren wurden meistens die bestehenden Gottheiten übernommen. Erst dem streng monotheistischen Islam gelang es ab der Mitte des 7. Jahrhunderts n. Chr., den vielen

---

[98] Günther Behrendt: Nationalismus in Kurdistan, Hamburg 1993, S. 57-59.
[99] Ähnlich Kheri Bozani: Mir Jafar Dassini, in: Yezidische Helden, Oldenburg 2011, (34-43) S. 41. Die Abbasiden stellten von 749/750-1258 n. Chr. die Kalifen des gleichnamigen islamischen Kalifats mit Hauptstadt Bagdad.
[100] Alia Bayezid Ismail: Ihre Spuren sind bis heute nicht verwischt, in: Yezidische Helden, Oldenburg 2011, (44-88) S. 48.
[101] Vgl. Ehmedê Xanî: Mem û Zîn, Uppsala-Sweden 1995, Werger: M. Emîn Bozarslan, S. 153.

Religionen Mesopotamiens ein grausames Ende zu setzen[102]. Allerdings konnte die durch den Islam meistens kriegerisch erzwungene Kontrolle über Mesopotamien nur durch regelmäßige Einwanderungen weiterer arabischer Nomaden-stämme gesichert werden. Die neuen Herren, die Statthalter des Islam, sorgten dafür, dass immer mehr Ackerland in Weideland verwandelt wurde. Die sesshafte Bevölkerung Mesopotamiens nahm dauerhaft Schaden daran. Jeder wurde niedergemetzelt, der den Islam als eine fremde Religion ablehnte. Die Weigerung, den Islam als Religion anzunehmen, wurde als Gotteslästerung verstanden und mit dem Tod bestraft.

Im 12. Jahrhundert wurden Êzîden abermals von einem islamischen Statthalter angegriffen. Ziel des Angriffs war *Lalisch*, das Hauptheiligtum der Êzîden im heutigen Nordirak. *Bedreddîn Lulu*, ein Konvertit und Statthalter von Mossul, brachte den Êzîden eine verheerende Niederlage bei. Von dieser militärischen und politischen Niederlage bzw. der vollständigen Unterwerfung konnten sich die Êzîden auch in der Folgezeit nicht mehr richtig erholen: Hunderte êzîdische Persönlichkeiten, Stammesführer und religiöse Würdenträger wurden grausam umgebracht[103].

Die dritte Phase der êzîdischen Geschichte fällt in die Ära des geschwächten Osmanischen Reichs, in der sich das Reich wegen seiner Niederlagen und der territorialen Verluste auf dem europäischen Kontinent vor allem auf Anatolien und Kurdistan konzentrierte[104]. Forscher gehen davon aus, dass die Êzîden ständig „Massakern" und Genoziden sowie Zwangsbekehrungen zum Islam ausgesetzt waren[105]. Unklar ist jedoch, ab wann in der Historie von der Existenz der Êzîden gesprochen werden kann. Auch wenn, wie dargelegt, Êzîden und ihre Autoren davon ausgehen, dass das Êzîdentum und die Êzîden mehr als vier- bzw. fünftausend Jahre alt sind, bringen gewisse Forscher das „Erscheinen des Êzîdentums" mit dem Eintreffen von *Sheikh Adi* (11. Jh. n. Chr.), dem Mystiker, in Verbindung[106]. Dessen ungeachtet ist klar, dass das Êzîdentum bereits vor dem Auftreten des *Sheikh Adi* existierte[107], wenn auch unter anderen Namen und mit etwas anderen religiösen Inhalten. So berichten einige Historiker von den grausamen Kämpfen

---

[102] Ähnlich Johannes Düchting 2004, S. 18-20.
[103] Chaukeddin Issa 2007, S. 50f.
[104] Celalettin Kartal: Der Rechtsstatus der Kurden, Hamburg 2002, S. 33.
[105] So z. B. Tosinê Reşîd 2010, S. 125.
[106] Kreyenbroek/Rashow 2005, S. 3.
[107] Othman Mamou: Die Yeziden vor Sheikh Adî, in: http://www.yeziden.de/209.98.html.

zwischen arabischen *Abbasiden* und den Bewohnern des êzîdischen Fürstentums *Dasinî* um 805 n. Chr.[108] Im 11. Jahrhundert drangen die türkischen Seldschuken in Anatolien und Kurdistan ein. Die nicht nachlassenden Invasionsströme der *Seldschuken* und die andauernde Zwangsislamisierung brachten die Êzîden abermals in eine ausweglose Lage. Das veranlasste die Êzîden und ihre politische Führung, sich neu zu organisieren bzw. grundlegende Reformen einzuführen. Der Mystiker *Sheikh Adi*, in Bagdad ausgebildet, der sich nach seiner Ausbildung im *Lalisch*-Tal niedergelassen hatte, gewann innerhalb kürzester Zeit das Vertrauen der Êzîden und konnte so das Êzîdentum wohl mit Zustimmung großer Teile der Bevölkerung und ihrer Führung reformieren. Es ist *Sheikh Adi*, der das Êzîdentum durch neue Reformen vor seinem Untergang bzw. seiner vollständigen Auflösung bewahrte. Wer war dieser *Şêx Adi (Sheikh Adi)*? Für einen Teil der Êzîden ist er Zoroastrier.[109] Für andere ist er die Wiedergeburt ihres Oberengels *Tawisî Melek*. Die in diesem Zusammenhang von *Chaukeddin Issa* vertretene Ansicht,[110] wonach *Sheikh Adi* ein unter Muslimen bekannter *Sufi* war (ein Sufi ist ein Asket, der eine spirituelle Orientierung aufweist), lehnen die meisten Êzîden ab. Kein Wunder, denn die Tradition der Êzîden beschreibt ihn als „König" *(pedşa)* oder als Reinkarnation des Chefengels. Er soll viele „Wunder" gewirkt haben[111]. Viele „politisierte Êzîden" fragen sich, wie ein arabischmuslimischer *Sufi* von den Êzîden als ihr „Retter" akzeptiert werden konnte. Einige Forscher führen dies auf die „unorthodoxe Lebenseinstellung der Kurden" bzw. Êzîden zurück[112]. Diese Kritik geht aber voll und ganz ins Leere. Für Êzîden ist nur wichtig, ob er sich ausschließlich für Êzîden und ihre Gemeinschaft eingesetzt hat oder nicht. Sowohl seine ethnische als auch seine religiöse Zugehörigkeit ist zweitrangig, wenn nicht sogar gänzlich belanglos. Insofern ist es kaum von Bedeutung, ob *Sheikh Adi* ein orthodoxer Muslim war oder nicht. Vielmehr gehen fromme Êzîden davon aus, dass es der Chefengel selbst war, der zu ihrer Rettung sein Mysterium[113] an *Sheikh Adi* übertragen hat.

---

[108] Khidir S. Khalil: Die Geschichte des Religionszentrums Lalish, in: Chaukeddin Issa: Das Yezidentum 2007 (45-52), S. 52.

[109] Scheich Adi, in: http://de.wikipedia.org/wiki/Scheich_Adi.

[110] Chaukeddin Issa, in: Erhard Franz (Hrsg.), Hamburg 2004, S. 45.

[111] Emîn Akbaş 2009, S. 67.

[112] Birgül Açıkyıldız: The Yezidis - The History of a Community, Culture and Religion, London; New York 2010, S. 227.

[113] Êzdaname I, S. 22.

Allerdings brachte die Verehrung von *Sheikh Adi* durch Êzîden nicht nur temporäre Rettung, sondern auch und vor allem Fluch. So ist dem Islam nach die Verehrung allein Gott geschuldet. Muslime der Umgebung betrachteten zunehmend mit großem Misstrauen, wie die Êzîden *Sheikh Adi* verehrten. Dass im Herrschaftsgebiet des Islam ein Mensch wie ein Gott verehrt wird, wurde den Êzîden nach und nach zum Verhängnis. Hinzukam die von den Muslimen der Umgebung als Bedrohung empfundene politisch-militärische Stellung der damaligen Êzîden. Dann folgte schließlich die Weigerung der Êzîden, die geforderte bzw. fällige Steuer zu entrichten[114]. Das alles nahm der erwähnte Statthalter von Mossul zum Anlass, das êzîdische Heiligtum *Lalisch* anzugreifen[115].

2. Êzîden in der arabisch-islamischen Ära

Wahrscheinlich bildeten die Êzîden in Mesopotamien vor dem Auftreten der Osmanen mit den Kurden zusammen eine ernstzunehmende politische Gefahr. Spätestens ab dem 14. Jahrhundert büßen sie abermals ihre autarke politische Einheit ein. Ab diesem Zeitpunkt überleben sie nur noch als kleine, isolierte bzw. unbedeutende Gruppe(n) innerhalb der sunnitischen Kurden. Gleichwohl dürften die meisten kurdischen Fürstentümer Êzîden nicht selten mit religiös motivierten Vorurteilen und Anfeindungen begegnet sein. Nicht selten mussten die Êzîden wie auch die Kurden die Fronten zwischen ihren weit überlegenen Verbündeten wie türkischen Osmanen und parsischen Safawiden wechseln,[116] um überleben zu können. Das „Unheil der Êzîden" war aus streng-muslimischer Sicht ihre Religion selbst, der Glaube an Vielgötterei, die Anbetung der „illegitimen Götzen" innerhalb der Religion Gottes, des Islam. Die Praxis einer solchen religiösen Gemeinschaft musste kurz oder mittelfristig von strenggläubigen Muslimen der Umgebung als pure Provokation der islamisch-göttlichen Gesetze, der Scharia, verstanden werden. So organisierten bereits ab dem 14. Jahrhundert „orthodoxe Araber" einerseits und die osmanischen Statthalter anderseits nicht selten Pogrome gegen „die hoffnungslos unterlegenen Êzîden", die „Feinde Gottes". Die geschwächten Êzîden konnten sich kaum mehr von den vielen politisch-militärischen Niederlagen erholen. Große Teile von ihnen mussten nun zum Islam übertreten: „Massaker" und Strafexpeditionen gegen die so gebrandmarkten Êzîden konnten nun durch

---

[114] Kreyenbroek/Rashow 2005, S. 4.
[115] Roger Lescot 2009, S. 94.
[116] Birgül Açıkyıldız 2010, a.a.O., S. 48.

lokale Statthalter umso leichter gerechtfertigt werden. Die meisten blutigen bzw. kriegerischen Auseinandersetzungen zwischen Êzîden und Arabern und den Statthaltern des Osmanischen Reichs konzentrierten sich auf die als Bastion der Êzîden geltende historische Region: *Schengal* bzw. dessen Gebirge. Eine schwer zugängliche Region, die von ihrer Fläche her 25932 km² beträgt. Sie ist damit größer als die heutigen Staaten Katar und Libanon zusammen [117]. Auch die sunnitisch-kurdischen Fürstentümer aus der Gegend von *Jesire* (kurd. Cizirê, heutige Türkei) beteiligen sich an Massakern gegen die „irregeleiteten Êzîden".

In den von Êzîden bewohnten Provinzen *Diyarbakir* und *Sêrt* (heutige Türkei) existierten drei große Stämme der Êzîden, die jedoch längst ihre politische Einheit eingebüßt hatten. Von diesen Stämmen haben nur die *Dasini*s überlebt[118]. Die umliegenden Städte *Scheikhan* und *Schengal* blieben weiterhin êzîdische Bastionen. Allerdings wurden diese Festungen in fast regelmäßigen Abständen von den osmanischen Statthaltern sowie von dem Fürstentum *Amude* (kurd. Amûdê, heutiges Syrien) angegriffen und ihre Bevölkerung wesentlich dezimiert. Noch bis zum Erscheinen der Osmanen in Kleinasien bewohnten Êzîden mehrere Provinzen Kurdistans. Die damaligen Siedlungsgebiete der Êzîden erstreckten sich von Nordirak bis Antakya (heutige Türkei)[119].

3. Êzîden im Osmanischen Reich

Nichtmuslimische Minderheiten mussten im Osmanischen Reich existentielle Nachteile hinnehmen, weil das Reich alle Gemeinschaften und Menschen prinzipiell nach ihrer religiösen Zughörigkeit einstufte. Somit ging es für den einzelnen Untertanen nicht um die Frage, ob er innerhalb des Reichs lebte, sondern welcher Religion er angehörte. Es gab Untertanen ersten („rechtgläubige Muslime"), zweiten (z. B. Christen) und dritten Grades. Die Untertanen des dritten Grades waren die Aleviten und Êzîden. Diese waren recht- und schutzlos.

---

[117] Azad Ehmed Elî: Şengal – Rûgeh û Mertala Kurdistanê, Navenda Lêkolinên Rûdaw, S. 9.
[118] Birgül Açıkyıldız 2010, a.a.O., S. 49.
[119] So Kemal Tolan 2000, S. 22.

Für die Darstellung der êzîdischen Geschichte im Osmanischen Reich sind Dutzende religiöser *fatwa*s von Bedeutung. Nicht alle diese *fatwa*s können hier näher untersucht werden. Relevant sind die *fatwas*[120], die das Reich bzw. seine islamischen Experten, die *mufti*s, gegen die Êzîden erlassen haben. Diese Gutachten zeigen, dass die Statthalter Jahrhunderte lang Êzîden mit „blutigen Expeditionen" verfolgt haben. Die zumeist sekundären Quellen gehen von vielen Pogromen und Massakern sowie ständigen Zwangsbekehrungen gegen Êzîden aus[121]. Es sind „Massaker" und/oder „willkürliche Angriffe" sowie Genozide, die an Êzîden verübt wurden. Insbesondere haben die Statthalter mit ihren vielen Strafexpeditionen immer wieder die êzîdische Bevölkerung in die unwegsamen Bergregionen des *Schengal* zu zwingen vermocht. In diesen Regionen, wo die meisten Êzîden lebten (leben mussten), waren sie mehr oder weniger von der Zivilisation und dem technischen Fortschritt abgeschnitten und konnten sich wirtschaftlich und zum Teil auch kulturell kaum entwickeln.

Die Gräueltaten der Statthalter gegen die Êzîden waren eine Folge der „minderheitenfeindlichen Scharia" und damit verbunden eine krasse Ungleichbehandlung zwischen Muslimen und Nichtmuslimen. Wie aber haben die Êzîden die Gräueltaten bzw. Strafaktionen der osmanischen Statthalter überlebt? Dazu muss man wissen, dass alle Siedlungsgebiete der Êzîden ausschließlich innerhalb des Reichs lagen. Êzîden lebten vor allem in den Reichsprovinzen *Diyarbakir, Hakkari, Cizre* (heutige Türkei) und *Mossul* (heutiger Irak). Doch während die sunnitischen Kurden mit einem „privilegierten Status" ausgestattet waren, also Autonomie genossen, galten die Êzîden als „vogelfrei"[122]. Alle oder fast alle Êzîden waren mehr oder weniger isoliert. Insbesondere waren die Êzîden weder politisch, ökonomisch noch kulturell in das Reich eingebunden. Sie wurden weder als „*millet*-Gemeinschaft" (siehe Glossar) noch als eigenständige sonstige Gemeinschaft anerkannt[123]. Nach der islamischen Scharia war es sogar jederzeit möglich, den „heiligen Krieg" (*jihad*) gegen sie auszurufen. Für das Reich waren die Êzîden Ketzer, die sich vom Islam abgespalten hatten. Als Ketzer bzw. Häretiker mussten sie vorzugsweise ausgerottet werden[124]. Wer Êzîden wirklich sind, welcher

---

[120] Zuhair Kazim Aboud: Das Yezidentum, Wahrheiten, Mythen und Geheimnisse (siehe Literaturteil).

[121] Düchting/Ateş 1992, S. 183; Açıkyıldız, S. 45; Gölbaşı 2008, S. 2, 17.

[122] Gernot Wießner, S. 46; Düchting/Ateş 1992, S. 183.

[123] Edip Gölbaşı 2008, S. 3, 36 (siehe Literaturteil); Philip G. Kreyenbroek 2009, S. 36.

[124] Celalettin Kartal: Der militante Islamismus und seine sakralpolitischen Grundlagen, Norderstedt 2014, S. 22.

Religion und warum sie ihr angehörten, war ohne Belang. Das Reich interessierte sich nicht für die religiösen Inhalte und Lehren des Êzîdentums[125].

Dazu muss man wissen, dass die staatsbürgerliche Stellung der Untertanen stets nach ihrem Verhältnis zur islamischen Religion geregelt war. Der „Wert" der Untertanen wurde an ihrem Verhältnis zum Islam gemessen. Nur die Sunniten galten als die originären muslimischen Untertanen des Reiches und gehörten zu den Privilegierten. Die krassere Ungleichbehandlung traf umso mehr die „wehrlosen Êzîden"[126], die wegen ihrer Schriftlosigkeit offiziell als ungläubig galten. Dass Teile der Êzîden im Osmanischen Reich unter den gegebenen Umständen überhaupt überlebt haben, grenzt wohl eher an ein Wunder.

Vielfach wird jedoch behauptet, dass die Êzîden temporär eine Art Anerkennung vom Osmanischen Reich erfahren hätten. So soll *Mir Hussein Beg*, das politische Oberhaupt der Êzîden, mit dem Titel „Hüter der Hohen Pforte" (*kapi cuhadari*) von Sultan *Abdülaziz* (reg. 1861-1876) ausgezeichnet worden sein. Daraufhin sollen etwa drei Jahre lang (1872-1875) Êzîden vom osmanischen Militärdienst befreit worden sein[127]. In Wirklichkeit wurden die Êzîden nur pro forma vom Militärdienst befreit (1875). Grund: Die erforderliche Verordnung zur Ausführung der Befreiung wurde erst nach vier Jahren erlassen. Auf diese Weise erledigte sich die Sache mit der Befreiung vom Militärdienst von selbst. *Abdul Hamid II.*, ein Panislamist und „eingeschworener Gegner der Êzîden", hat gleich nach seiner Machtübernahme (reg. 1878-1908) die formelle Befreiung der Êzîden vom Militärdienst für null und nichtig erklärt[128]. Das Reich verlor unter der Herrschaft dieses Devoten einen Großteil der europäischen Territorien.

Wichtig ist auch zu wissen, dass anders als „die recht- und schutzlosen Êzîden" die jüdischen und christlichen „Schriftbesitzer" sich wenigstens auf eine eingeschränkte Protektion berufen durften. Doch Êzîden mussten als Ungläubige (*kâfirûn*) bekämpft werden. Selbst der Name Yezid wurde mit „Gottlosigkeit" bzw. „Grausamkeit" gleichgesetzt[129]. Im Islam können alle Sünden verziehen werden, aber nicht die Beigesellung (arab. mushrikûn). Infolge dessen durfte gegen Ungläubige auch militärisch vorgegangen werden[130]. Sogenannte Ungläubige wie die Êzîden

---

[125] Edip Gölbaşı 2008, S. 6.
[126] Celalettin Kartal 2002, S. 33.
[127] John S. Guest 2001, S. 212 f. (türk. Version).
[128] John S. Guest 1993, S. 121f., 131ff.
[129] Karl Steuerwald, Istanbul 1993, S. 1027.
[130] Mathias Rohe 2001, S. 47 f. (siehe Literaturteil).

hatten weder Rechtssicherheit noch durften sie Ansprüche erheben bzw. Rechte reklamieren. Sie waren ganz der Willkür des Imperiums ausgesetzt. Noch im 18. Jahrhundert wurden vom Reich gegen die Êzîden mehrere „Massaker" verübt und Strafexpeditionen durchgeführt. Im 19. Jahrhundert wurden viele Êzîden durch Angriffe der Osmanen getötet. Als die schlimmsten (Straf-)Expeditionen gelten jedoch die vielen Pogrome und Massaker der Jahre 1832 bis 1846. Innerhalb von nur 14 Jahren wurde die êzîdische Bevölkerung um drei Viertel dezimiert[131]. Êzîdische Autoren und Forscher gehen von insgesamt „72 Massakern" oder „72 Genoziden?" aus. Von diesen sollen allein 58 innerhalb des Osmanischen Reichs erfolgt sein.

4. Religiöse *fatwa*s und die „72 Edikte"

„Jeder Krieg ist eine Niederlage des menschlichen Geistes"[132], erst recht wenn er im Namen von Religionen geführt wird.

Êzîden gehen unter Verweis auf ihre Texte von „72 Edikten" aus. Bisher fehlt jedoch für die vielen Pogrome oder vielleicht Genozide eine detaillierte, nachvollziehbare Chronologie. Die „72 Edikte" („72 ferman") gegen Êzîden sind in einem Klagelied (*beyt*)[133] der Êzîden erwähnt, aber nicht näher spezifiziert. Der parsisch-kurdische Begriff „*ferman*" (Edikt) steht für einen Befehl. Inhaltlich konnte ein *ferman* ein einfacher Erlass, ein Dekret oder eine Vollmacht sein[134]. Ermächtigungen zur Ausführung von Befehlen bzw. Befreiungen vom Militärdienst (Dispens), aber auch Vergünstigungen konnten als *ferman* bezeichnet werden[135]. Êzîden verstehen den Begriff *ferman* nur negativ. Für die Êzîden war er ein Freibrief bzw. eine Ermächtigung der Machthaber zur Ausübung von Massakern und „Genoziden" an ihnen. Infolgedessen kann angenommen werden, dass der Begriff bei Êzîden einen negativen Bedeutungswandel erfahren hat, weil er geschichtlich gesehen stets mit einem

---

[131] Düchting/Ateş 1992, S. 205 (siehe Literaturteil).
[132] Lothar Schmidt, S. 151.
[133] Edip Nadir: Beyta Laliş, in: Roj, Tebax 1996, S. 29.
[134] Ejder Yılmaz 1992, S. 278 (siehe Literaturteil).
[135] Yurdaer Abca, S. 151 (siehe Literaturteil).

Massaker[136] oder gar Vernichtungsfeldzug endete. So nennen êzîdische Quellen mehr als zwei Dutzend „Massaker", Überfälle und „Strafexpeditionen"[137]. Die zuerst aufgezeichneten, jetzt niedergeschriebenen êzîdischen Volkslieder bestätigen die Quellen, weil sie die Begriffe „Edikte", „Strafexpeditionen" und „Krieg gegen Êzîden" enthalten. Die „72 Edikte" werden ohne jede Konkretisierung textlich genannt. Wahrscheinlich war es für die êzîdischen „Textprediger" (*qewals*) lebensgefährlich, genaue Inhalte zu memorieren, um sie nach Bedarf vorzutragen. Andere êzîdische Texte führen „72 Völker", „72 Väter," „72 Töchter und Söhne" auf. Es ist also wahrscheinlich, dass die Behauptung von „72 Ferman" symbolisch zu verstehen ist. Das schließt aber nicht aus, dass es trotzdem zu Strafexpeditionen, Massakern oder Genoziden an Êzîden gekommen ist, auch wenn bisher eine plausible Auseinandersetzung mit den „72 Edikten" bzw. „72 Pogromen" und deren genau nachvollziehbarer Chronologie fehlt. Warum?

Wenn die „72 Edikte" Genozide waren, dann wiegen sie rechtlich wie auch ethisch umso schwerer. Völkermorde zielen auf eine vollständige oder partielle Vernichtung einer rassischen, ethischen oder religiösen Gruppe ab. Der Genozid ist durch die Absicht, „eine nationale, ethnische, rassische oder religiöse Gruppe ganz oder teilweise zu zerstören", gekennzeichnet. Eine zielgerichtete Unterwerfung unter Lebensbedingungen, die auf die völlige oder teilweise physische Zerstörung der Gruppe abzielen, lässt sich als Genozid qualifizieren. Was veranlasste das Reich sich seiner Êzîden so zu entledigen?

Wie dargelegt, war das Osmanische Reich ein islamischer Staat, der nach den Vorschriften der Scharia geführt wurde. Die Scharia basiert im Wesentlichen auf dem Koran. Dem Koran nach sind Ungläubige Feinde des Islam und damit schlimmer als Tiere[138]. Es ist also ganz im Sinne des klassischen Islam legal, Ungläubige zu bekämpfen. Das Schicksal der Ungläubigen ist besiegelt, wenn sie sich nach einer kurzen Bedenkzeit nicht zur einzig wahren Religion bekehren lassen. So haben „Ungläubige [Heiden bzw. Polytheisten] oder solche, die der offizielle Islam als Götzendiener einstuft, kein Existenzrecht innerhalb des Islam. Sie haben nur die Wahl zwischen Tod und Bekehrung"[139].

---

136   Christine Allison 2001, S. 89.
137   Kemal Tolan: Hebûn û Tinebûna Êzîdiyan, Oldenburg 2000, S. 43 ff.; Report on the Situation of the Êzdis, S. 62 ff.
138   Celalettin Kartal: Der militante Islamismus, Norderstedt 2014, S. 17.
139   Celalettin Kartal: Islamische Gottesrechte versus säkulare Menschenrechte, Norderstedt 2014, S. 26.

Hinzu kommt, dass das Osmanische Reich im 19. Jahrhundert seine vielen Zerfallsprobleme durch die Ideologie des Panislamismus lösen wollte[140]. *Abdul Hamid II.*, einer der grausamen Despoten des Reichs, bestärkte orthodoxe *muftî*s (Rechtsgutachter) in ihrer religiösen Einstellung, gegen die „ungläubigen Êzîden" religiöse *Fatwa*s (Rechtsgutachten) zu erlassen. Sobald eine *fatwa* von einem *muftî* erlassen war, war es leicht, auch die gläubigen Massen gegen die „wehrlosen Êzîden" zu mobilisieren. Nicht selten wurde mit den *fatwa*s auch das Ziel verfolgt, Besitz und Eigentum der Êzîden zu plündern bzw. ihre Anbauflächen und Weiden in Besitz zu nehmen[141]. Es sind diese *fatwa*s, die die Legitimationsgrundlagen für ein sich anschließendes militärisches Vorgehen gegen die Êzîden darstellten. So wird in vielen *fatwa*s den Êzîden vorgeworfen, den (heiligen) Koran und die islamische Scharia zu leugnen sowie den islamischen Rechtsgelehrten (*ulema*s, siehe Glossar) gegenüber feindlich eingestellt zu sein, und ihren *Sheikh Adi*, einen einfachen Menschen, dem Siegel der Prophetie (*Mohammed*) vorzuziehen[142]. In anderen *fatwa*s werden die Glaubensvorstellungen der Êzîden als purer Unfug bzw. Aberglaube deklariert und ihr Siedlungsgebiet zum Kriegsgebiet erklärt (*fatwa* von Abdullah Efendi er-Rutbakî von 1724). Êzîden seien schlimmer als unverständige Tiere und Ungläubige. Es sei nach allen vier Rechtsschulen des *Mainstream*-Islam legitim, êzîdisches Hab und Gut in Besitz zu nehmen, Êzîden in Gefangenschaft zu nehmen sowie ihre Kinder und Eltern umzubringen (*fatwa* von Şeyh´ü-Islam Ebu´s Suud). Wer gegen Êzîden vorgehe heißt es in den *fatwa*s, diene Gott und seinem Gesandten[143].

Kein geringerer als der preußische General *Helmut von Moltke* hat die „grausamen Gräueltaten" gegen die *wehrlosen Êzîden* in seinen zahlreichen Briefen als Augenzeuge dokumentiert[144]. Auch einige wenige türkische Forscher haben aktuelle Studien über die späte Phase des Osmanischen Reichs veröffentlicht[145]. Es sind Forschungsarbeiten, die auf direkten Archivquellen des Reiches (1876-1908) beruhen. Sie gehen von einer systematischen Verfolgung gegen die Êzîden aus. Die Quellen legen unwiderlegbar dar, dass es der osmanische Sultan *Abdul Hamid II.*

---

[140] Taner Akcam, 1996, S. 18.
[141] Alia Bayezid Ismail, a.a.O., S. 70ff.
[142] Eszter Spät 2010, S. 77 f.
[143] Siehe z. B. Ahmet Turan: Yezidiliğin Aslı, Kurucusu ve Tarihçesi, Ondokus Mayıs Universitesi, İlahiyat Fakultesi, Samsun 1989, S. 64-68.
[144] Helmut von Moltke 1981, S. 266.
[145] Yurdaer Abca 2006, S. 89-100, in: http://www.bahzani.net/book/Yezidilikottoman- administration.pdf.

auf Êzîden abgesehen hatte: Êzîden sollten entweder den Islam annehmen oder militärisch unterworfen werden. Seiner Meinung nach hatten sich Êzîden vom Islam abgespalten, also mussten sie zu ihrer alten Religion zurückkehren[146]. Es ist derselbe *Abdul Hamid II.*, der die nach ihm benannten berüchtigten bzw. auch gefürchteten „*Hamidiye* Regimenter" gründete. Die *Hamidiye* war eine Kavallerietruppe der Osmanen. Sie wurde 1891 aus Nomaden, Turkmenen und Söhnen von sunnitisch-kurdischen Großgrundbesitzern aufgestellt. Die *Hamidiye* stellte eine Ergänzung der Armee dar. Sie übernahm die polizeiliche Kontrolle im kurdischen Siedlungsgebiet und wurde gegen die nichtmuslimischen Minderheiten in Ostanatolien und in Kurdistan eingesetzt. Des Weiteren wurde *Ömer Vehbi Pascha*, ein besonders brutaler Generalmajor, mit Sondervollmachten ausgestattet und in das von Êzîden besiedelte *Schengal*-Gebirge (im heutigen Nord-Irak) entsandt. *Vehbi Pasha* war wegen seiner „aggressiven und autoritären" Vorgehensweise bekannt; von Êzîden sehr gefürchtet[147]. 1892 forderte er die Êzîden und ihre geistig-politische Führung unter Fristsetzung öffentlich auf, ihre alte Religion, den Islam wieder anzunehmen[148]. Er fügte hinzu, wer den Islam nicht annimmt, der wird vernichtet[149]. Ein Teil der Êzîden lehnte jedoch die Zwangsislamisierung ab. Daraufhin kam es zu einer Strafexpedition in den êzîdischen Ortschaften *Schêxan*, *Baschika* und *Bahzan*. Die Bevölkerung, schutzlos und unbewaffnet, war wieder einmal der osmanischen Armee wehrlos ausgeliefert. Nach der Verübung von mehreren Massakern an Êzîden wurde *Lalisch*, das Haupheiligtum der Êzîden, komplett geplündert, die Symbole wurden beschlagnahmt und der osmanischen Kontrolle unterstellt. Sämtliche umliegenden Ortschaften wurden zerstört[150]. Innerhalb eines Jahres sollen 14 000 Êzîden genötigt worden sein, zum Islam überzutreten[151].

Die Art und die Umstände der Durchführung dieser Massaker gegen die „wehrlose bäuerliche Bevölkerung" der Êzîden sprechen für einen Genozid. Gleich nach diesen blutigen Massakern wurden im Siedlungsgebiet der Êzîden Moscheen errichtet und das Haupheiligtum der Êzîden *Lalisch* wurde in Koranschulen umgewandelt[152]. Außerdem war

---

[146] Yurdaer Abca 2006, S. 92.
[147] Yurdaer Abca 2006, S. 94; Alia Bayezid Ismail: Ihre Spuren sind bis heute nicht verwischt, in: Yezidische Helden, Oldenburg 2011, (44-88) S. 74.
[148] Einzelheiten zu diesem Vorfall bei Yurdaer Abca 2006, S. 89-90, 94.
[149] Alia Bayezid Ismail, a.a.O., S. 75.
[150] Alia Bayezid Îsmail, a.a.O., S. 77.
[151] Jan İlhan Kızılhan, Lališ, Mai 1996, (31-33) S. 32.
[152] John S. Guest, 1993, S. 232 f.

vor der Durchführung der Strafaktion den Soldaten eingehämmert worden, dass sie mit Ungläubigen, also den Feinden des Islam, zu tun hätten.

Erwähnenswert ist zudem, dass es in dieser êzîdischen Region schon immer zu Massakern an Êzîden gekommen war[153]. So standen die Êzîden ab dem 18. Jahrhundert in einem Dauerkonflikt mit den osmanischen Statthaltern. Die chronische Zahlungsunfähigkeit der in Armut lebenden bäuerlichen Êzîden, den muslimischen Osmanen regelmäßig Steuern zu entrichten, wurde stets zum Anlass genommen, von Êzîden und ihrer Führung den Übertritt zum Islam zu fordern. Auseinandersetzungen zwischen den Osmanen und den Êzîden waren dann die Folge. Wenn die Situation ausweglos wurde, mussten sich die Êzîden stets in das *Schengal*-Gebirge zurückziehen, um überleben zu können.

Dass die Êzîden gegen Ende des 19. Jahrhunderts wie auch die Armenier und die weiteren nicht-muslimischen Minderheiten im Reich besonders von ihrer Dezimierung betroffen waren, hängt zum Teil mit der Schwächung des Reichs und dem massiven Druck zusammen, der auf dem Reich durch ehemalige Kolonialmächte wie Großbritannien und Frankreich lastete: Das Reich war von den genannten Kolonialmächten ökonomisch abhängig geworden. Es musste namentlich auf Druck von Großbritannien und Frankreich ungewollte und grundlegende Reformen durchführen. Die Reformen betrafen vor allem die Abschaffung der krassen Ungleichbehandlung gegenüber den religiösen Minderheiten. Die nicht-muslimischen Gemeinschaften und Minderheiten sollten den Muslimen gleichgestellt werden. (Ein Unterfangen, das dem Koran und der islamischen Scharia vollkommen widerspricht und eine Beleidigung bzw. Blasphemie darstellte). Aufgrund dessen wurde das alte Lehnssystem von 1833 abgeschafft. Nun war die Situation für Êzîden noch schlimmer geworden. Die sunnitisch-kurdischen Autoritäten vor Ort waren nicht mehr für die Eintreibung der Steuer zuständig, weil auch ihr Status (Autonomiestatus) abgeschafft wurde. Zuständig für die Steuererhebung und Eintreibung waren nunmehr allein die für Êzîden völlig fremde Provinzgouverneure[154]. Nunmehr forderten beide Seiten, sunnitische Kurden und Osmanen, Steuern von den Êzîden. Mit anderen Worten sollten die Êzîden an beide Herren Steuern entrichten. Außerdem mussten die Êzîden erstmalig auch den osmanischen Militärdienst widerwillig ableisten. Ein Zwangsdienst, den sie gemein-

---

[153] Dengê Êzidiyan, April 1996, Nr. 5, S. 37.
[154] Düchting/Ateş 1992, S. 203.

sam mit ihren religiösen Unterdrückern, den sunnitischen Muslimen gemeinsam leisten mussten.

Rückblickend betrachtet waren die Êzîden anders als die sunnitischen Kurden wegen ihres Êzîdentums mehrfach benachteiligt. So mussten sie als Götzendiener bzw. „Abtrünnige" eine „Doppelsteuer" entrichten: Die Grundsteuer war das Entgelt für die ihnen zur Bebauung überlassenen Ländereien. Die „Kopfsteuer" war für Nichtmuslime ein Anreiz, den Islam anzunehmen, um so der extremen Ungleichbehandlung zu entgehen[155]. Hinzu kam, dass Êzîden als Nicht-Muslime keine Waffen tragen durften bzw. offiziell noch keine Waffen besaßen, was sie auf diese Weise zu einer leichten Beute der osmanischen Statthalter und strenggläubiger Muslime machte.

Aufgrund der spät eingeleiteten bzw. halbherzig durchgeführten Reformen im Reich und seine Konzentration auf Ostanatolien und Kurdistan standen die bis dahin privilegierten sunnitischen Kurden und ihre Fürstentümer unter massivem Druck. Sie versuchten nun ihrerseits Druck auf ihre christlichen und êzîdischen Untertanen auszuüben: *Mirê Kor* und *Bedirkhan Beg*, zwei der wichtigsten kurdischen Fürsten, gingen militärisch gegen ihre eigenen Êzîden vor und konnten sie niedermetzeln. Die nach der islamischen Scharia rechtlosen Êzîden waren den Angriffen dieser Fürsten schutzlos ausgeliefert. Zwar sollten seit der Einführung von Reformen auch die Êzîden ihre Steuern an die Provinzgouverneure direkt entrichten, das stieß jedoch bei den halbunabhängigen kurdischen Fürstentümern auf entschiedene Ablehnung. Die Êzîden, die im Allgemeinen noch schlechter dran waren als die muslimische Bevölkerung, mussten daher nunmehr zwei Herren bedienen und vor allem den sunnitischen Kurden Tribut entrichten: Sie mussten einerseits die Statthalter des Reiches, die neuen *valis*, zufrieden stellen und anderseits mussten sie weiterhin ihren bisherigen traditionellen kurdischen Herren Steuern zahlen.

5. Überleben im „Islamischen Reich"

Es ist wahrscheinlich, dass es den Êzîden an einer organisierten, elitären Führung gefehlt hat, die die gemeinschaftlichen Interessen gegenüber den osmanischen Statthaltern einerseits und den kurdischen Fürstentümern andererseits hätte entschlossen durchsetzen können. Insbesondere hätte die geistig-politische Führung der Êzîden versuchen

---

[155] Celalettin Kartal 2002, S. 34.

können, wenigstens die autonomen Fürstentümer Kurdistans über das Êzîdentum und seine Inhalte aufzuklären, um mehr Solidarität und Beistand von ihnen zu erhalten. So unterhielten die Kurden anders als die Êzîden durch einige einflussreiche *sheikh*s, *aga*s und Stammesoberhäupter in ihren Regionen Schulen[156]. Doch weder die geistige Führung noch die *aga*s der Êzîden haben Anstrengungen unternommen, eigene êzîdische Schulen zu gründen. Bekannt ist, dass die Briten nach dem Ersten Weltkrieg alle religiösen Minderheiten der Provinz Mossul aufgefordert hatten, ihnen mitzuteilen, von wem sie politisch regiert werden sollen. Êzîden und ihre Führung haben sich für die Briten entschieden. Bei der Besetzung der Posten gingen sie trotzdem leer aus, weil sie weder lesen noch schreiben konnten.

Patenschaften-Verhältnisse, unauffälliges Verhalten, unzugängliche Bergwelt, Kooperation mit kurdischen Stämmen, Akzeptanz der Hoheit der lokalen halbunabhängigen Fürstentümer und erzwungene Heirat mit muslimischen Kurden waren die „Pfeiler des êzîdischen Überlebens" im Reich der Osmanen. Immer wenn Êzîden Gefahr drohte, zogen sie sich in ihre fast unzugängliche Bergregion zurück. Auf diese Weise konnten sie von der massiven Bergwelt Kurdistans militärisch profitieren[157], mussten jedoch gesellschaftlich erhebliche Nachteile hinnehmen. Nicht wenige Êzîden haben ihr Überleben den „traditionellen" Patenschaften mit sunnitischen Muslimen zu verdanken. Es handelte sich dabei um Patenverhältnisse mit Kurden, welche soziale Nähe beinhalteten, aber auch Schutzverhältnisse begründeten[158]. In einigen Fällen haben die Êzîden für sunnitische *aga*s und Stammesführer gearbeitet und so ihre Protektion in Anspruch nehmen können. Insgesamt spielte die bei Kurden praktizierte Stammeszugehörigkeit und die Protektion durch *aga*s in einigen Regionen Kurdistans, in denen Êzîden in ihren Dörfern als Nachbarn der Muslime lebten, eine wichtige Rolle. Doch in den unzugänglichen Regionen wie *Schengal* spielte der Zusammenhalt der Êzîden untereinander eine grundlegende Rolle. In anderen Dörfern konnten Êzîden nur überleben, wenn sie sich der Protektion der kurdischen Muslime sicher waren. Allerdings war in vielen Fällen der Umgang mit Muslimen für Êzîden mit Verheimlichung der eigenen religiösen Identität verbunden, insbesondere der gelegentliche Besuch in den kleinen Städten der Umgebung.

---

[156] Celalettin Kartal 2002, S. 55.
[157] Garo Sasuni 1992, S. 47 (siehe Literaturteil).
[158] Kreyenbroek/Rashow 2005, S. 12.

6. Êzîden als „Störfaktor" in der Türkei?

Die Türkei gilt als eine säkulare Republik. Doch ist es eine Republik, die verstanden hat, ihre nicht-türkischen Minderheiten entweder zu assimilieren oder notfalls mit Vertreibung oder Massakern zur Räson zu bringen.

Zum einen gehören die Êzîden zu den Kurden und sind somit eine diskriminierte Minderheit; zum anderen sind sie als Nichtmuslime innerhalb der Kurden wiederum eine religiöse Minorität, somit eine doppelte Minorität. Aus türkischer Sicht konnten Êzîden als eine religiöse Gemeinschaft, deren Kultur und Sprache das inkriminierte Kurdische ist, nicht lange in der Republik Türkei geduldet werden. Die Auswanderung der Êzîden nach Europa war ganz im Sinne der Türkei. Grund: Die Türkei wollte an der Grenze zu Irak und Syrien, wo die Kurden bzw. die meisten Êzîden lebten, eine menschenleere Zone schaffen.

Êzîden haben ihre Flucht nach Europa teuer erkauft. Sie mussten nicht nur die vielen blutigen Massaker und Kriege über sich ergehen lassen, sondern auch ihr Hab und Gut, Ländereien und Dörfer aufgeben. Bis in die Mitte des 18. Jahrhunderts existierten 363 êzîdische Dörfer[159]. Diese wurden geplündert bzw. anschließend zerstört. Danach war es die Türkei (1923-1995), die das Schicksal der Êzîden bestimmt hat. In der Türkei litten die Êzîden unter einer vielförmigen Unterdrückung, Verfolgung und vor allem Ausgrenzung. Von Anfang an verfolgte die Türkei den Kurs, alle Minderheiten, wenn nötig, gewaltsam zu turkisieren. Doch Êzîden wurden auch von der Mehrheit der muslimischen Kurden ausgegrenzt bzw. diskriminiert.

Die Türkei war als Staat nicht bereit, die Êzîden als eine Religionsgemeinschaft anzuerkennen. Selbst das Recht auf Gebrauch ihrer eigenen Sprache wurde ihnen vorenthalten[160]. Vielmehr stufte auch die Türkei die Êzîden als eine vom Islam abgespaltene, irregeleitete Sekte ein. Somit setzte die Türkei die „Êzîden feindliche Politik" des Osmanischen Reichs fort. Bis heute erkennt die Türkei nur die sunnitischen Muslime an. Alle anderen religiösen Minderheiten und Konfessionen werden vom Staat nicht anerkannt. Eine Ausnahme stellen die drei Minderheiten

---

[159] So Kemal Tolan 2000, S. 10.
[160] Celalettin Kartal 2002, S. 93.

(Juden, Armenier, Griechen) dar, die die Türkei im Lausanner Abkommen anerkennen musste.

Die „Êzîden feindliche Politik der Türkei" führte zur Enteignung der meisten Êzîden. Die Êzîden, bestehend aus Landwirten, Saisonarbeitern, Schäfern und Viehzüchtern, gehörten zu den ärmsten Schichten. Bei der allmählichen Registrierung der Ländereien durch die neue Republik Türkei gingen sie mehr oder weniger leer aus. Am 21.06.1934 führte die Türkei ein Gesetz zur Änderung von Nachnahmen ein. Von diesem Namensänderungsgesetz waren alle nicht-türkischen Minderheiten betroffen, doch die Êzîden am meisten. Es führte zur Umbenennung aller Dorfnamen sowie Nachnamen von Personen. Grund- und Landbesitz, die den Êzîden bis dahin gehörten, wurden überwiegend beschlagnahmt bzw. dem Staat einverleibt. Ihre wenigen Grundstücksurkunden aus der osmanischen Ära wurden für null und nichtig erklärt. So verloren die Êzîden Hunderte ihrer Dörfer und Ländereien.

Einzelne Êzîden, die versuchten, in den westlichen Städten der Türkei Arbeit zu suchen, konnten kaum eine Arbeitsstelle finden[161]. Sie mussten, um eine Arbeit zu finden, ihre als ungläubig gekennzeichneten türkischen Ausweise vorlegen. Die meisten Arbeitgeber waren nicht bereit, einen „Ungläubigen" einzustellen. Zudem konnten die Êzîden als eine nicht-muslimische Gemeinschaft an dem Schulsystem kaum teilhaben. Gerade deswegen ist bei den Êzîden die Analphabetenrate um ein Vielfaches höher als bei den Kurden im Allgemeinen. Auch beim Militär mussten sie Schikanen hinnehmen und nicht selten mit ihren eigenen Tabus brechen.

Die Türkei selbst ließ nur in wenigen êzîdischen Dörfern Schulen bauen. Elektrizität und fließendes Wasser war in den meisten êzîdischen Dörfern kaum vorhanden. Dort, wo Schulen gebaut wurden, mussten Kinder ab den 1980er Jahren an dem vorgeschriebenen islamischen Religionsunterricht teilnehmen. Viele der Kinder mussten mit dem Aufsagen des islamischen Glaubensbekenntnisses *Schahāda* mit wichtigen Regeln ihrer Religion brechen und sich von türkischen Lehrern als „Ungläubige" beschimpfen lassen. Diese Situation empfanden die Eltern als Bedrohung ihrer religiösen Identität. Aus islamischer Sicht kommt das bloße Aufsagen der *Schahāda* in Gegenwart von zwei Zeugen dem Beitritt zum Islam gleich. Der Schulunterricht beschränkte sich damals auf fünf Jahre. Jeder weitere Schulbesuch außerhalb der êzîdischen Ortschaften kam wegen der Gefahr der Zwangsislamisierung nicht in Frage. Ihre Kinder mussten die gewöhnlichen Schikanen und Diskriminierungen über sich ergehen lassen.

---

[161] Kürdistanda Ezidilik Gerçeği ve Rolü, Celle 1998, S. 21.

Generell mussten die Êzîden ihre religiöse Identität um des Überlebens willen verheimlichen. Die meisten Êzîden wollten prinzipiell vermeiden, offen über ihre Religion und ihre Inhalte zu sprechen[162]. Diese Haltung der Êzîden machte sie erst recht in den Augen der sunnitischen Muslime suspekt. So mussten viele Êzîden während der Ableistung des Militärdienstes, ihre Religion verleugnen. Die Êzîden mussten in den meisten Fällen von den Behörden in ihren Personalausweisen „ein Kreuz" oder „drei Kreuze" eintragen lassen, was in der Konsequenz eine Stigmatisierung darstellte bzw. für Ungläubige stand. Alle Êzîden waren in der Türkei vom politischen und öffentlichen Leben *de facto* ausgeschlossen.

Außerdem sah die Türkei die Êzîden als Verbündete der Arbeiterpartei Kurdistans, der PKK an. Angeblich gewährten die Êzîden in ihren kleinen Dörfern den Kämpfern der PKK Unterschlupf und versorgten sie zum Teil mit Verpflegung. Die PKK, eine führende Organisation unter Kurden, wird von der Türkei bis in die Gegenwart als „separatistisch" und „terroristisch" eingestuft. Aufgrund dieser Sachlage hielten sich die Guerilleros der PKK bevorzugt in den êzîdischen Dörfern auf. Den Militanten der PKK war klar, dass sich die Êzîden nicht erlauben konnten, sie zu verraten. Êzîdisches Leben in diesen Aufstandsregionen war von Angst, Verfolgung und Schikane geprägt: Razzien in den kleinen êzîdischen Dörfern und die Zerstörung ihrer Häuser waren keine Seltenheit. Sie erzeugten Angst und Schrecken unter der bäuerlichen, ohnehin gedemütigten, zum Teil traumatisierten êzîdischen Bevölkerung. Nicht zuletzt hatten Êzîden Angst vor einigen einflussreichen muslimischen *sheikh*s, ihren strenggläubigen Anhängern und *aga*s. Diese Notabeln sind in Kurdistan sehr gefürchtet und spielten auch bei der Enteignung, Vertreibung, Verspottung und ständigen Ausgrenzung der Êzîden aus der Türkei eine wesentliche Rolle. In den besonders wirtschaftlich benachteiligten Notstandsgebieten der Kurden waren die Êzîden überwiegend von sunnitischen Kurden umgeben. Die Türkei hatte in den Siedlungsgebieten der Êzîden wegen der kriegerischen Auseinandersetzungen mit der PKK den Ausnahmezustand verhängt.

Die Republik Türkei hat ihrerseits die „Kooptation der Êzîden" mit der PKK zum Anlass genommen, bestimmte Êzîden zu verschleppen oder der Folter zu unterziehen. Die weitverbreitete durchgehende Arbeitslosigkeit sowie die gelegentliche Verfolgungssituation der Êzîden veranlasste die êzîdischen Landwirte und Schäfer dazu, Kurdistan zu verlassen.

Die Auswanderung der Êzîden war, wie dargelegt, ganz im Sinne der Türkei. Auf diese Weise wurde sie mit Êzîden eine wichtige kurdisch-

---

[162] John S. Guest 1993, S. 30.

sprachige Gemeinde los. Êzîden stellten aus türkisch-nationaler Sicht ein relativ leichtes Hindernis auf dem Wege der Integration in den Staatsverband dar. Doch neben religiöser Verfolgung und Ausgrenzung der Êzîden in der Türkei hat auch die damals wesentlich generöse deutsche Asylpolitik die Êzîden veranlasst, ihre Heimat zu verlassen.

Flucht der Êzîden nach Deutschland

Die Flucht der Êzîden nach Deutschland kann nicht losgelöst von der „minderheitenfeindlichen Politik" der islamischen Staaten des Nahen Ostens gesehen werden: Eine Politik, die prinzipiell den „Islam als die Religion Gottes" über alle anderen Religionen, Gemeinschaften und auch westlich säkularen Werte stellt und *einseitig* den Islam bzw. einen bestimmten Islam fördert.

1. „Fluchtwelle" aus der Türkei

Menschen werden durch eine Vielzahl von Gründen veranlasst, ihr Land, ihre Angehörigen, Freunde, Bekannten und vielfach auch ihre Familien zurück zu lassen, um der Not zu entgehen. Die Flucht der Êzîden als eine nicht muslimische, am meisten unterdrückte Minderheit in der Türkei, kann auch als eine Kettenmigration verstanden werden. Vor allem die ersten Êzîden dürften neben politisch-religiöser Verfolgung bzw. Ausgrenzung vor allem aus ökonomischen Gründen nach Deutschland ausgewandert sein. Nachdem jedoch die ersten Êzîden (1964) erkannt hatten, was ein freiheitliches und demokratisches Land von einer „islamischen Türkei" unterscheidet, löste sich innerhalb von weniger Jahren eine „Kettenmigration" in Richtung Deutschland aus. Die Migration verstärkte sich zuerst in den 1980er und dann später auch in den 1990er Jahren.

Am 15.03.1964 kamen ein oder zwei Êzîden als „Gastarbeiter" aus der Türkei nach Deutschland. In den ersten Jahren konnten nur wenige Êzîden in die Bundesrepublik auswandern. Vor allem diejenigen Êzîden konnten emigrieren, die des Lesens und Schreibens mächtig waren. Doch die meisten konnten weder lesen noch schreiben. Vieles spricht dafür, dass vor allem ökonomische Gründe der Beweggrund für die Auswanderung der ersten Êzîden waren. Die Sach- und Rechtslage änderte sich erst nach dem dritten Militärputsch von 1980, weil ausgerechnet das Militär den Islamunterricht erstmalig allgemeinverpflichtend einführte, vor dem sich die Êzîden sehr fürchteten.

Nach der „Ölkrise" von 1973 und dem anschließend verhängten „Anwerbestopp" für „Gastarbeiter" konnten Êzîden und ihre Angehörigen nur noch entweder im Rahmen der Familienzusammenführung oder über das Asylverfahren nach Deutschland gelangen. Bis 1979 lebten schätzungsweise 20.000 Êzîden in der Türkei. In der Regel waren die êzîdischen Flüchtlinge gezwungen, ihr Land und ihr Vieh an *aga*s zu verkaufen. Bei der Vertreibung der Êzîden wirkten türkische Behörden mit kurdischen *aga*s zusammen. Kurdische *aga*s organisierten gemeinsam mit türkischen Behörden die Flucht der Êzîden in die Bundesrepublik. Einige Êzîden wurden genötigt, das Land so schnell wie möglich zu verlassen.

In den ersten 10 bis 15 Jahren der Auswanderung wurden fast alle Asylanträge der êzîdischen Flüchtlinge aus der Türkei abgelehnt. Diese Ablehnungen stützten sich auf externe Gutachten, die sich mit Êzîden nicht auskannten. Es dauerte aber nicht lange, bis das Land Nordrhein Westfalen einen Abschiebestopp per Erlass verhängte. Am 30.6.1992 entschied das Bundesverfassungsgericht in einem Grundsatz-Urteil, dass die Türkei nicht willens ist, mit den ihr zur Verfügung stehenden Mitteln eine Verfolgung der Êzîden durch Muslime zu verhindern. Dieses Urteil brachte eine Änderung der Rechts- und Sachlage und sorgte für Klarheit in der Asylrechtsprechung für êzîdische Flüchtlinge aus der Türkei. Nun gehörten die Êzîden aus der Türkei zu den wenigen Asylbewerbern, die in der Bundesrepublik Deutschland als Flüchtlinge anerkannt wurden. Innerhalb weniger Jahre war der Exodus der Êzîden aus der Türkei abgeschlossen.

Das höchste deutsche Gericht hatte zugunsten der êzîdischen Flüchtlinge entschieden, weil die Êzîden in einer noch schwierigeren Lage als die „syrisch-orthodoxen Christen" waren. Es stellt sich auf den Standpunkt, dass die Êzîden anders als die syrisch-orthodoxen Christen aus der Türkei nicht zu den „Schriftbesitzern" zählen und in der Rangfolge unter den Türken, den sunnitischen Kurden und sogar den syrischen Christen stehen[163].

---

[163] Werner Deckmann 1984, S. 25.

2. Auswanderung der Êzîden aus Syrien

Wie in der Türkei, so stellen die Êzîden in Syrien das schwächste Glied in der Bevölkerungskette dar. Sie konnten faktisch keinen staatlichen Schutz in Anspruch nehmen. Die Gründung dieses Staates (1946) hat den Êzîden „verheerende Nachteile" gebracht, weil auf beiden Seiten der Grenze zwischen der Türkei und Syrien Kurden bzw. Êzîden wohnen. Außerdem erkennt der syrische Staat Êzîden, die dort in ihren Siedlungsgebieten seit Jahrhunderten leben, nicht als gleichberechtigte Bürger an. Vielmehr wurden die meisten Êzîden 1962 gegen ihren Willen umgesiedelt.

Ähnlich wie in der Türkei wurden êzîdische Kinder angehalten, gegen ihren Willen am Islamunterricht teilzunehmen. Anders als die Christen konnten êzîdische Eltern ihre Kinder nicht vom Religionsunterricht befreien lassen. In Syrien mussten êzîdische Kinder aus dem islamischen Koran gegen ihren Willen vorlesen und so mit ihren Tabus brechen.

Offiziell erkennt der syrische Staat, der jetzt dem Untergang geweiht ist, weder Kurden noch Êzîden an. In Syrien, wo bis 2005 noch 15000 Êzîden lebten, gelten sie nach wie vor entweder als Staatenlose oder als Ausländer. Vor allem staatenlose Êzîden sind in Syrien einer prekären Verfolgung und Ausgrenzung ausgesetzt. Bestimmte verfassungsrechtlich garantierte Rechte werden ihnen vorenthalten: Sie erhalten keine vom Staat subventionierten Lebensmittel, können bzw. dürfen weder wählen, noch Besitz- und Eigentumsrechte fordern. Vor allem haben sie keinen Anspruch auf Behandlung in staatlichen Krankenhäusern. Weder können sie im öffentlichen Dienst beschäftigt werden noch haben sie Zugang zu Hochschulen[164].

Die Êzîden in Syrien haben durch den Bürgerkrieg zahlreiche Opfer zu beklagen und versuchen das Land zu verlassen: Viele von ihnen kamen schon ab 1980 nach Deutschland. Am Anfang hatten es die syrischen Êzîden besonders schwer in der Bundesrepublik Asyl zu bekommen. Inzwischen hat sich jedoch die Rechtsprechung zu ihren Gunsten wesentlich geändert. Syrische Êzîden müssen nur noch nachweisen, dass sie aus Syrien stammen. Da die Êzîden vor allem von den strenggläubigen Arabern verfolgt werden, stellt ihre Verfolgung eine den syrischen Staatsorganen zurechenbare Diskriminierung dar. Die Êzîden in Syrien können sich als schwächstes Glied in der Bevölkerungskette kaum gegen ihre Verfolgung und Diskriminierung durch den Staat, seine Organe und vor allem durch „orthodoxe Araber" wehren. Das ist

---

[164] Johannes Düchting, Teil 2, Êzîdische Akademie, April 2009, S. 3.

der wichtigste Grund, warum die meisten Êzîden nach Deutschland auswandern.

3. Der Untergang der Êzîden im Irak?

Die antiêzîdische Politik Iraks

Im Hauptsiedlungsgebiet der Êzîden *Schengal* lebte bis August 2014 die einzige noch intakte êzîdische Gemeinschaft im Nordirak, deren Existenz jetzt auf des Messers Schneide steht. Stirbt das Êzîdentum im Irak, stirbt dann auch das Êzîdentum in der Welt?

In dem multireligiösen, multiethnischen Irak befinden sich die wichtigsten historischen Siedlungsgebiete der Êzîden. Im Nordirak lebten seit Jahrhunderten die meisten Êzîden im Gebiet von Mossul[165], hier vor allem in *Schengal* und im Regierungsbezirk *Scheikhan*. Im Irak ist auch der Residenzsitz des Oberhaupts, genannt *Mîrê Êzdiya*. Außerdem liegt dort das Grabmal von *Sheikh Adi*, dem drittwichtigsten Heiligen der Êzîden. Das Tal *Lalisch,* im Nordirak gelegen, ist der Wallfahrtsort der Êzîden. Zahlreiche Heiligtümer der Êzîden liegen ebenso im Nordirak bzw. Südkurdistan. Der Nordirak bzw. die Bergregion *Schengal* hat somit eine herausragende oder existenzielle Bedeutung für alle Êzîden.

Schengal (arab. Sindschar) und seine Region, die seit August 2014 zum Teil unter der Kontrolle der Terrormiliz des IS stehen, haben für die Autonome Kurdenregion Kurdistan wie auch für den Irak insgesamt eine hohe strategische Bedeutung. Genau diese großflächige Region ist Gegenstand eines Disputs zwischen der Lokalregierung in Kurdistan und der irakischen Zentralregierung.

Im Irak herrschten von Anfang an Spannungen zwischen den Arabern und den Kurden. Der Staat verfolgt seit seiner Gründung eine minderheitenfeindliche, besonders „antiêzîdische Politik": Grundlegende Pfeiler dieser Politik waren die fortwährende Arabisierung bzw. die Umsiedlung der Êzîden außerhalb ihrer Region mitten unter den Arabern.

---

165 Allein in *Schengal* und in der gleichnamigen Region lebten bis Anfang August 2014 zwischen 250.000 und 300.000 Êzîden.

Bereits in den Anfangsjahren hat der Irak (1935-1941) zahlreiche „minderheitenfeindliche Gesetzte" beschlossen, die vollends die êzîdische Interessenlage ignorierten. Êzîdische Anträge, unter Führung eines christlichen Offiziers, ihren Militärdienst leisten zu dürfen, wurden willkürlich abgelehnt. Der Irak nutzte einen staatlich inszenierten Vorfall, um gegen Êzîden mit massiven Militäroffensiven vorzugehen. 1938 wurden Hunderte Êzîden getötet; über ihr Hauptsiedlungsgebiet *Schengal* wurde das Kriegsrecht verhängt. Êzîden wurden gezwungen, unter der Führung der „arabischen Offiziere", den irakischen Militärdienst zu leisten.

Im Irak ist seit 1963 an den öffentlichen Schulen Religionsunterricht für Êzîden nicht erlaubt. Stattdessen werden die Kinder genötigt, am islamischen Religionsunterricht teilzunehmen. Die antiêzîdische Politik des Irak erreichte ab den 1970er Jahren ihren Höhepunkt. Im Zuge der Arabisierungspolitik kam es zu Vertreibungen der Êzîden: Die êzîdischen Dörfer und Ackerflächen wurden weitgehend entvölkert. Die Êzîden wurden aus ihren seit Jahrhunderten angestammten Dörfern vertrieben und in großen Kunstdörfern zusammengefasst. Die Araber wurden bewaffnet, die Êzîden entwaffnet.

Als schwächstes Glied in der Kette sind die Êzîden Opfer der Arabisierungspolitik geworden. Doch nicht jede Straftat ist auf den irakischen Staat zurückzuführen. Der Irak hat aber durch seine Umsiedlungspolitik ein System geschaffen, mit dem er die Êzîden und ihre religiöse Identität existentiell bedroht. So wurden, um die Arabisierung der historisch êzîdischen Siedlungsgebiete *Schengal* voranzubringen, mehr als 400 êzîdische Dörfer zerstört. Fortan wurden die Ortschaften in arabische Dörfer umgewandelt[166]. Allein im August 1997 wurden 1500 Grundstücke der Êzîden zwangsenteignet. Auch beim Bau der *Mossul*-Talsperre (1986 fertiggestellt), in der *Ninawa*-Provinz gelegen, wurden mehrere êzîdische Dörfer zerstört. Êzîden wurden in die arabischen Gebiete zwangsumgesiedelt und ihre Rekruten in die gefährlichen Gegenden entsendet[167]. Erst 1991 konnten sich die Kurden, nach der Errichtung der Flugverbotszone durch die USA und Groß-britannien, eine Autonomie im Nordirak erkämpfen. Doch nur 10 % der êzîdischen Siedlungsgebiete unterstehen dieser Region. Prinzipiell ist nicht nur im arabischen Zentralirak, sondern auch in der Kurdenregion die Existenz der Êzîden massiv gefährdet. So sind in der kurdischen Region im Irak (Nordirak bzw. Südkurdistan) vier islamische Parteien mit minderheitenfeindlicher

---

[166] Azad Ehmed Elî: Şengal – Rûgeh û Mertala Kurdistanê, Navenda Lêkolinên Rûdaw, 2015, S. 10.
[167] Philip G. Kreyenbroek 2009, S. 37.

Gesinnung vertreten, zwei davon sind an der gegenwärtigen Regierung beteiligt. Im kurdischen *Duhok* (eine frühere êzîdische Dynastie) schüren gewisse muslimische Rechtsgelehrte, wohl von der Lokalregierung ungebremst, Hass gegen die Êzîden. Regelmäßig werden von Muslimen entführte êzîdische Frauen zur Heirat gezwungen. Die Täter werden in den meisten Fällen strafrechtlich nicht belangt. Strenggläubige Muslime, darunter einige islamische Rechtsgelehrte, betrachten nach wie vor den Umgang mit Êzîden als unrein *(haram)*. Êzîdische Bauern können vielfach ihre kargen Milchprodukte nicht verkaufen. Die von ihnen geschlachteten Tiere gelten als unrein.

Die Genozide an Êzîden im 21. Jahrhundert

Die Zukunft der Êzîden im Irak war schon immer *ungewiss*, aber sie ist seit dem 03.08.2014 ungewisser denn je geworden. Die Êzîden sind nirgendwo im Irak vor Übergriffen des islamischen Fundamentalismus geschützt. Seit dem Ende des Irakkrieges 2003 sind die Êzîden abermals gezielt zur Zielscheibe der militanten Islamisten geworden. Am 14. 08. 2007 wurden 336 Êzîden ermordet[168] und Hunderte verletzt. Am 14. November 2013 flüchteten 1500 êzîdische Studenten aus Mossul, die von Islamisten mit dem Tod bedroht wurden[169].

Die Ursache der Bekämpfung, Unterdrückung, Verfolgung und Ausgrenzung der Êzîden im Irak dürfte vor allem in der islamischen Scharia, ihrer orthodoxen Lesart und in der mangelnden Aufgeklärtheit breiter Teile der Bevölkerung im Irak zu suchen sein: So ist die „minderheitenfeindliche Scharia" eine der wichtigsten Quellen der Gesetzgebung im Irak (Art. 7). In der gegenwärtigen Verfassung des (neuen) Irak werden die Êzîden zwar erwähnt, aber ohne konkrete Angabe von zwingenden Rechten. Des Weiteren betrachtet die illegale Miliz des IS, die seit Juni 2014 weite Teile des Irak beherrscht, die Êzîden als Götzendiener *(mushrikun)*[170], die keinen Verstand haben. Sie sind aus klassischislamischer Sicht schlimmer als die Tiere. Mehr noch, die militanten Islamisten sind davon überzeugt, im Kampf gegen die „wehrlosen Êzîden" den Teufel zu bekämpfen. Für sie ist der vermeintliche Vorwurf der Verehrung eines Nebengottes oder gar der „Teufelsanbetung" Grund genug für Massaker und Genozide gegen Êzîden. Dieser

---

[168] Thomas Schmidinger: Das Ende einer Jahrhundertenlangen Geschichte?, in: pogrom 297, 2/2015, (14-17), S. 15.
[169] Lendiş Dialog - Esidische Religons- und Kulturzeitung 3/2013, S. 11.
[170] Celalettin Kartal: DAÎŞ, komkujiya Şengalê û Êzdiyên Almanyayê.

islamisch-religiösen Logik folgend hat die Terrormiliz des IS die Êzîden zu einer „heidnischen Religion aus vorislamischer Zeit" gebrandmarkt bzw. deklariert. So gibt der IS die in Gefangenschaft gehaltenen êzîdischen Frauen und Mädchen in dem von ihm besetzten Gebiete „legal" zur Sklaverei frei.

Nur knapp zwei Monate nachdem die Kurden die Kontrolle über ölreiche Stadt *Kerkuk* (Irak) erlangt hatten (10.06.2014), überfiel der IS die wehrlose êzîdische Bevölkerung in *Schengal* (8/2014). Seitdem ist ungewiss, ob die Êzîden in ihrem Hauptsiedlungsgebiet *Schengal* überhaupt eine Zukunft haben. Die kurdische Regionalregierung erklärt zwar, das Gebiet der Êzîden befreien zu wollen, gleichwohl ist unklar, ob die aus der *Schengal*-Region geflüchteten Êzîden je wieder zurückkehren werden oder können. Vielmehr hat der IS mit seinem Überfall einen Genozid an Êzîden verübt. Große Teile der Êzîden sind seitdem traumatisiert, fast alle sind im Nordirak zu Flüchtlingen geworden. Hunderttausende sind vor dem IS in den Nordirak bzw. in die Autonome Region Kurdistan geflohen.

Die 8.000 im êzîdischen Siedlungsgebiet *Schengal* stationierten, angeblich leicht bewaffneten *Peschmerga*, wichen vor der Terrormiliz des IS kampflos zurück, ohne sich dem Schutz der Zivilbevölkerung verpflichtet zu fühlen, was wohl den Genozid an Êzîden erst richtig ermöglichte[171]. „Êzîdisches Überleben" steht seitdem im Irak bzw. auch in der dortigen kurdischen Region (Nordirak) auf des Messers Schneide.

Im 21. Jahrhundert sind zwei vorsätzliche Genozide an Êzîden im Irak verübt worden. Beide fußen primär auf der islamistischen Ideologie des Jihadismus. Die vor dem IS in die Kurdenregion geflüchteten Êzîden leben dort seit August 2014 unter desolaten Bedingungen[172]. Zu den Gräueltaten dieses Genozids an Êzîden gehört die Ermordung, Verschleppung und Versklavung von Hunderten êzîdischer Männer aus der Region und der Stadt *Schengal*. Als der IS *Schengal* und dessen Region am 03. 08. 2014 überfiel, nahm seine Miliz Tausende Êzîden als Gefangene mit: Frauen wurden von Männern, Alte von Jungen getrennt. Alle jungen Männer, die sich weigerten den Islam anzunehmen, wurden erschossen, die jüngeren Frauen verschleppt. Bei dem Angriff auf

---

[171] Das anschließende Eingreifen der PKK-Kämpfer hat die Flucht der großen Teile der Êzîden ermöglicht, so z. B. Nikolaus Brauns: Die Kurden in Syrien und die Selbstverwaltung in Rojava, in: Fritz Edlinger/Tyma Krait (Hg.): Syrien – Ein Land im Krieg. Hintergründe, Analysen, Berichte 2015 (139- 156), S. 152.

[172] Frank Nordhausen: Im Dunkeln, in: Frankfurter Rundschau vom 20./21. Juni 2015, S. 28 f.

Schengal sollen mehr als 5.000 Êzîden im Alter zwischen 13 und 56 Jahren entführt bzw. verschleppt worden sein[173].

Völkerrechtlich stellt der Tatbestand des bloßen Wissens um Vorgänge und das Ausbleiben von Gegenmaßnahmen durch eine verantwortliche Regierung per se ein Verbrechen dar[174]. Die islamische Miliz des IS hat nach den UN-Berichten mit ihrem Angriff die planmäßige Absicht verfolgt, die Êzîden als eine Gruppe zu zerstören. Auch wenn es an Anklägern fehlt, so liegt der Tatbestand des Völkermords vor. Allerdings hält sich der Internationale Strafgerichtshof in Den Haag für nicht zuständig, weil der Irak das Statut dieses Gerichts nicht ratifiziert hat[175] und auch nicht will. Der vom Zerfall bedrohte Irak dürfte nach der Sachlage auch kein Interesse daran haben, dem Statut beizutreten, weil er trotz Kenntnis von der Bedrohung der Êzîden durch den IS selbst keine geeigneten Schutzmaßnahmen ergriffen hat bzw. ergreifen wollte, um Êzîden vor Ort zu schützen. Es ist also unwahrscheinlich, dass dieser erneute Völkermord an Êzîden wie auch viele andere Genozide gesühnt wird. Es ist ein weiterer Völkermord, der Êzîden an frühere Genozide im Irak und im Osmanischen Reich erinnert.

Viele Êzîden versuchen immer wieder, aus dem Irak nach Deutschland zu emigrieren, weil sie im Irak keine Zukunft mehr sehen. Noch im Juni 2015 wurden etwa 1000 Êzîden, die nach Europa wollten, von der Türkei an der bulgarischen Grenze zurückgewiesen. Sie konnten nicht nach Europa, weil sie nicht über Reisedokumente verfügten. Wenn die Êzîden im Irak die Möglichkeit hätten, würden innerhalb kürzester Zeit alle oder fast alle nach Europa flüchten, besonders nach Deutschland, wo viele ihre Verwandten leben[176]. Damit hätte der IS eines seiner wesentlichen Ziele, die Vertreibung bzw. die Säuberung der zu Unrecht als ungläubig titulierten Êzîden aus dem sog. Herrschaftsgebiet des Islam erreicht. Gegenwärtig bzw. auf weiteres können weder der Irak noch die Region Kurdistan Êzîden Sicherheit und Schutz bieten. Politische Auseinandersetzungen zwischen den rivalisierenden kurdischen Parteien drohen auf dem Rücken der Êzîden in *Schengal* ausgefochten zu werden. Êzîden droht, wie die deutschen Verwaltungsgerichte feststellen, Ver-

---

[173] Nêrina Azad vom 6.3.2015.
[174] Vgl. Statut des Internationalen Strafgerichtshofs in Rom mit Sitz in Den Haag von 2002, dort Artikel 30 Abs. 3.
[175] http://de.wikipedia.org/wiki/Internationaler_Strafgerichtshof.
[176] Frank Nordhausen: Im Dunkeln, in: Frankfurter Rundschau vom 20./21. Juni 2015, S. 28 f. Die irakischen Êzîden bilden unter den „deutschen Êzîden" eine kleine Minderheit (vielleicht 10%) und leben zumeist in Süddeutschland.

folgung wegen Religionszugehörigkeit, weil sie angehalten werden, entweder zum Islam überzutreten oder sich erschießen zu lassen.

Vom Transkaukasien nach Deutschland

1. „Flucht der Êzîden aus Georgien"

Die ersten Êzîden waren 1830 aus dem Osmanischen Reich meistens in einer *Nacht-und-Nebelaktion* geflüchtet, um sich und ihre Angehörigen jenseits der islamisch-osmanischen Grenze in Sicherheit zu bringen.

Die kriegerischen Auseinandersetzungen zwischen Êzîden und den osmanischen Muslimen der Jahre 1820-1828 und die damit einhergehende Furcht vor blutigen Massakern und Genoziden, veranlassten Êzîden, aus den Provinzen *Van, Kars* und *Bayesid* nach Kaukasien zu flüchten[177]. Nach den russisch-türkischen Kriegen von 1853-6, 1877-8 und während des Ersten Weltkrieges mussten Êzîden abermals ins zaristische Russland fliehen. Bereits 1916 lebten ca. 5000 Êzîden in *Tbilisi*[178].

Namentlich nach dem Zerfall der Sowjet-Union verschlechterte sich ihre soziale und ökonomische Situation von Grund auf. Sie sind seitdem einer latenten Ausgrenzung und Assimilation ausgesetzt. Viele ihrer Dörfer sind menschenleer geworden. Sie sind wesentlich mehr von Armut und Ausgrenzung betroffen als die übrige Bevölkerung. Die meisten sind assimiliert, viele sind zum Christentum konvertiert.

Nur noch 30 % der Êzîden sprechen Kurdisch. Die religiösen Würdenträger der Êzîden können in Georgien ihren Pflichten nicht mehr nachkommen. Junge Êzîdis konvertieren zunehmend zum Christentum. Es ist fraglich, ob Êzîden noch lange dort leben können.

Die besser gestellten georgischen Êzîden sind nach Europa oder Russland ausgewandert. Viele wandern nach Europa, z. B. nach Polen oder nach auch Deutschland. Anfang der 1990er Jahre emigrierten Tausende Êzîden nach Deutschland aus. Hier, in Deutschland, können Êzîden aus Georgien kaum glaubhaft darlegen, dass sie Opfer von

---

[177] Eskerê Boyik, in: Mehfel, S. 6.
[178] Philip G. Kreyenbroek 2009, S. 37.

Verfolgungsmaßnahmen wurden[179]. Es ist jedoch davon auszugehen, dass viele Êzîden weiterhin aus Georgien nach Europa auswandern und hier in der Illegalität ausharren werden.

2. Situation der Êzîden in Armenien

Die Ursache, dass die Êzîden aus den Grenzregionen (*serhed* genannt) nach Russland fliehen mussten, sind in der ständigen Zwangsislamisierung durch osmanische Statthalter einerseits und deren Gräueltaten gegen sie andererseits zu suchen. Die ersten Êzîden[180] flüchteten 1828-1829 vor den Gräueltaten der orthodoxen Muslime und den osmanischen Statthaltern nach Armenien. Die sozialen Rahmenbedingungen haben seit dem Zerfall der alten Sowjet-Union die Situation der Êzîden in Armenien wesentlich verschlechtert. Viele wurden gezwungen nach Russland, in die Ukraine und weitere Staaten, wie z. B. Deutschland, Frankreich, Belgien, Niederlande, Australien und die USA auszuwandern. In Deutschland sind die Êzîden aus Armenien und Georgien am meisten von der Abschiebung betroffen.

Die Auswanderung der Êzîden aus Armenien ist politisch und ökonomisch bedingt: Die Êzîden in Armenien hatten einen einflussreichen „Verbündeten", das alte Sowjet-Regime. Der Zerfall dieses Regimes hat den Êzîden in Armenien vor allem politische, soziale und auch religiöse Nachteile gebracht. Nach dem Zerfall wurden die Êzîden aus ihren Ämtern und Stellungen gedrängt. Auf die meisten êzîdischen Akademiker und Schriftsteller wurde solange Druck ausgeübt, bis sie sich gezwungen sahen, das Land zu verlassen. Inzwischen sollen 150 Familien aus ihren eigenen Häusern vertrieben und ihre Ländereien von den Armeniern in Besitz genommen worden sein[181].

Hingegen konnten die Êzîden in der alten Sowjet-Union wie alle anderen Minderheiten auch ihre kulturellen Rechte ohne nennenswerten staatlichen Druck wahrnehmen. Êzîden hatten ihre eigene Zeitschrift und einen Radiosender. Sie wurden mit akademischen Stellen und Ämtern betraut und im öffentlichen Dienst entsprechend ihrer Proportion berücksichtigt. Diese Akzeptanz gegenüber Minderheiten beruhte wohl

---

[179] Johannes Düchting, in: Zeitschrift der Ezidischen Akademie (2-7), Dez. 2009, (5-7) S. 6.
[180] Viele mussten auch in den Jahren 1853-56 und 1877-78 nach Armenien einwandern.
[181] Tosinê Reşîd: Ermeni li Kurdistanê û Êzdî li Ermenîstanê (siehe Literaturteil).

auf der Furcht vor dem alten Sowjet-Regime, das Armenien als autonome Republik kontrollierte.

Êzîden in der neuen Heimat Deutschland

Es ist erstaunlich, wie schnell kleine relativ undogmatische Gemeinschaften und ihre Angehörigen ihre prinzipielle Haltung gegenüber Staaten und fremden Völkern ändern können. In der Türkei musste der Êzîde seine religiöse Identität verheimlichen. Behörden, Polizei und die Gendarmerie in der Türkei aufzusuchen, war für den einzelnen Êzîden eine Tortur. Hier, in Deutschland, wollen viele, wenn nicht die meisten, in das Beamtenverhältnis übernommen werden. Alle Êzîden, die in Deutschland leben, verstehen Deutschland als ihre Heimat. Diese Êzîden werden für immer in Deutschland bleiben. Wenn sie aber als Religionsgemeinschaft in Deutschland eine Zukunft haben wollen, dann müssten sie ihre Gemeinschaft komplett neu organisieren.

Menschen, Gemeinschaften und ihre Traditionen erfahren in der Migration eine umfassende Veränderung. Auch das Êzîdentum in Deutschland hat innerhalb von nur drei Jahrzehnten unumkehrbare Veränderungen erfahren. Ein Êzîde, der neu aus Kurdistan in die Bundesrepublik einreist, wird sich vielfach wundern über die vielen Gepflogenheiten und Traditionen, die von deutschen Êzîden und unter anderen Vorzeichen praktiziert oder verändert zelebriert werden.

Êzîden leben schon in der *dritten* oder *vierten* Generation in Deutschland. Die erste Generation der Êzîden ist in ihrer ursprünglichen Heimat geboren, aufgewachsen und nach Deutschland ausgewandert. Sie besteht fast ganz aus ehemaligen Analphabeten, die Schäfer, Landwirte und Saisonarbeiter waren. Auch die zweite besteht zum Teil aus Analphabeten, Volksschulabsolventen, die in ihrer Heimat geboren, aber in Deutschland aufgewachsen sind. Daneben gibt es tausende in Deutschland eingeschulte, gebildete Êzîden. Diese kennen Kurdistan meistens von den Erzählungen ihrer Eltern. Es sind weitestgehend diese Êzîden, die das moderne Êzîdentum in Deutschland prägen bzw. neu bestimmen. Deswegen werde ich den Unterschied zwischen den Generationen, wo immer möglich, mit erwähnen. Die einen sind in Deutschland integriert bzw. zum Teil linguistisch assimiliert; die anderen sind aus Kurdistan nach Deutschland ausgewandert und sind zum Teil von den hier geborenen oder sozialisierten Kindern aufgrund fehlender Kenntnisse beim Lesen und Schreiben abhängig bzw. abhängig geworden.

Das Êzîdische Glaubenssystem

Dem Bilderverbot des Koran folgend zerstört die illegale Miliz des Islamischen Staates (IS) die Heiligtümer der Êzîden in *Schengal* im Nordirak. Auch der Prophet *Mohammed* hatte seinerzeit die in der Kaaba von *Mekka* befindliche Darstellung vorislamischer Götter zerstört[182]. Noch im Jahre 2014 wurde in *Mossul* eine ganze Bibliothek mit 8000 Büchern sowie 112 709 Handschriften von der Miliz des IS in Brand gesteckt[183].

1. Besonderheiten des Êzîdentums

Autorisierte Institutionen fehlen, die die Praktiken, Normen und Inhalte im modernen Êzîdentum verbindlich regeln bzw. definieren. Religiöses Wissen wird meist verbal an die nachfolgende Generation weitergereicht. Man könnte behaupten, Êzîden haben viele Vorschiften wie Gebote und Verbote, aber sie praktizieren die wenigsten davon.

Das religiöse Korpus des Êzîdentums ist in den zahlreichen nicht selten relativ langen Hymnen und Klageliedern festgehalten. Daneben existieren weitere Gebete und andere Texte des Êzîdentums. Es sind Texte, die zum Teil in einer archaischen Sprache abgefasst sind und von den meisten Êzîden nicht oder nicht ausreichend verstanden werden. Traditionell wurden und werden diese Texte oder Teile davon von religiösen bzw. erblichen Würdenträgern mündlich weitergereicht. Heute wissen nur die wenigsten Würdenträger substantiell mehr über die religiösen Inhalte Bescheid als ihre *murîds*, die Laien[184]. Allerdings erlernen auch nur die wenigsten Würdenträger und nicht selten die interessierten Laien diese vielen Texte. Öffentlich werden die Texte von *qewals*, religiösen Spezialisten, vorgetragen, die es in Deutschland nicht gibt. *Qewals*, „das religiöse Gedächtnis der Êzîden" genannt, erlern(t)en und memorieren die Texte. Die Texte wurden von *qewals* auf ihren jährlichen Wanderungsrouten vom Irak nach Syrien, in die Türkei, sowie in den Kaukasus in den êzîdischen Dörfern mit Musik vorgetragen. Gleichwohl wird seit Jahrzehnten von einigen êzîdischen Autoren behauptet, Êzîden hätten

---

[182] Peter Antes: Große Religionsstifter, München 2004. S. 100. Trotz der Zerstörung vorislamischer Götterfiguren durch *Mohammed* hat der Kult am schwarzen Stein der Kaaba in Mekka den Übergang zum Islam überlebt, Verf.
[183] So Nerina Azad vom 26.02.2015.
[184] Philip G. Kreyenbroek: Yezidism in Europe, 2009, S. 20.

früher êzîdeneigene Schriften und Dokumente besessen. Viele êzîdischen Dokumente aus der Zeit von vor Christi Geburt oder aus der Ära von *Sheikh Adi* seien verschwunden[185] bzw. zerstört worden.

Lässt man die gegenwärtige Vernichtung (3/2015-8/2015) oder In-Brand-Setzung der antiken Statuen, der êzîdischen Heiligtümer im Nordirak (Schengal) und in Syrien (Palmyra) durch die „IS-Terroristen" Revue passieren, kann nicht ausgeschlossen werden, dass Êzîden vor der Zeit der Invasion der islamischen Heere, ihre eigenen „Schriften" besessen haben könnten. Der Êzîdenforscher *Kızılhan* führt aus, dass die heiligen Schriften, Tafeln und Zeugnisse der Êzîden zum größten Teil zerstört, geraubt oder vernichtet worden sein könnten[186]. Gleichwohl darf nicht übersehen werden, dass die Êzîden ursprünglich eine „illiterate Gemeinschaft" waren und zum Teil noch sind, wenn gleich die Alphabetisierung unter ihnen erheblich zugenommen hat. So hat die êzîdische Führung im Nordirak wiederholt bestätigt, dass das Êzîdentum eine „schreibunkundige Gemeinschaft" ist. Zwar gibt es zwei dürftige „Heilige Schriften", doch werden diese von Êzîdenexperten als gefälscht bzw. teilweise gefälscht eingestuft. Erst seit 1997 bemüht sich die Führung um die Erstellung einer allen Êzîden gemeinsamen Schrift bzw. eines Buches für religiöse Fragen. Nachdem die erste Kommission aus der Sicht der êzîdischen Führung an dieser Aufgabe gescheitert ist, soll sich nun (2012) ein neues Komitee um diese schwierige Aufgabe kümmern.

Das Êzîdentum ist zwar eine monotheistische Religion, dennoch ist unwahrscheinlich, dass es schon immer eine an einen Gott ausgerichtet Gemeinschaft war. Dies ist eine Frage, deren Antworten der späteren Forschungen überlassen bleiben muss. Welche Besonderheiten weisen die Êzîden auf?

Êzîde ist man nur durch direkte Abstammung von êzîdischen Eltern. Eine Vermischung mit Nicht-Êzîden gilt als Sünde und kann, aber muss nicht, zum Ausschluss aus der Gemeinschaft führen. Eine Missionierung ist dem Êzîdentum, auch den „deutschen Êzîden" noch fremd. Zum Êzîdentum kann man nicht oder noch nicht übertreten. In der Regel ziehen Êzîden die Einehe vor, die Vielehe ist jedoch nicht verboten. Das Êzîdentum basiert auf mündlichen Überlieferungen. Religiöses Wissen wird auch in Deutschland zumeist verbal an die nachfolgende Generation weitergereicht. Inhaltlich weist das Êzîdentum einen gewissen Konsens in elementaren Fragen auf. Er umfasst u. a. das dreitägige Fasten; die Feier zum Roten Mittwoch; die Wahlfahrt nach *Lalisch* (Nord-

---

[185] So z. B. Kemal Tolan 2006, S. 147.
[186] So Jan İlhan Kızılhan 1997, S. 43, 71.

Irak); die Einhaltung bzw. Akzeptanz der Kastenordnung, der Glaube an *Tawisî Melek*, den Chef der sechs Engel.

2. Der Chefengel

Ohne die zentrale Gestalt im êzîdischen Glauben, *Tawisî Melek*, lassen sich die Besonderheiten des Êzîdentums weder verstehen noch vorstellen. Dieser Chefengel ist der Geist, der seine Êzîden mit Vernunft, aber auch Achtung vor Mensch und Natur ausstattet. Theologisch ist er dem êzîdischen Schöpfergott *Xweda* untergeordnet. Vieles deutet darauf hin, dass er für die Êzîden wichtiger ist als Gott (*Xweda*) selbst, weil er im Namen Gottes das ganze Geschehen in der Welt bzw. im Universum aktiv steuert[187]. Er ist die Mittlergestalt zwischen dieser Welt und dem Jenseits. Er ist das Oberhaupt der sechs Engel; Beherrscher dieser Welt, aber nicht die Verkörperung des Bösen. Vielmehr weist das Êzîdentum keine Gestalt des Bösen auf. Böses und Böswilligkeit sowie teuflisches Handeln ist nach der êzîdischen Lehre eine Eigenschaft des Menschen selbst, hat aber mit dem Chefengel nichts gemeinsam.

Über diesen Chefengel, *Tawisî Melek* gibt es verschiedene Mythen. Die Vermutung liegt nahe, dass er historisch der einzige Gott der Êzîden war. Er könnte jedoch später vor allem unter dem Einfluss streng monotheistischer Religionen mit ausgebildeter Lehre zum Chefengel des Êzîdentums ernannt worden sein.

Wer Êzîden verstehen will, muss wissen, dass Êzîden keine Anhänger des Teufels sind, wie früher vielfach ihnen böswillig unterstellt wurde. Doch Andersgläubige sollten möglichst in der Gegenwart eines frommen Êzîden das Aussprechen bestimmter Namen wie Satan bzw. *Şeytan* meiden. Aus êzîdischer Sicht kommt das Aussprechen dieser Namen der Demütigung ihres Chefengels gleich. Die Êzîden selbst meiden *Tawisî Melek* zu Ehren jedes Aussprechen der Begriffe Satan, Teufel[188]. In Wirklichkeit begeht nur derjenige Êzîde eine Sünde, der diese Namen vorsätzlich ausspricht. Inzwischen haben viele deutsche Êzîden auch in Gegenwart von Êzîden mit diesem Tabu gebrochen, ohne dass sie von Êzîden getadelt werden. Gleichwohl spielen Tabus für deutsche Êzîden eine wichtige Rolle, wenn auch zunehmend weniger.

---

[187] Celalettin Kartal 1994, S. 38.
[188] John S. Guest 1993, S. 31.

Möglicherweise hat keines der Tabus den Êzîden so nachhaltig geschadet wie das Nicht-Aussprechen-Dürfen bestimmter Namen wie *Şeytan* oder Satan. Historisch könnte die Jahrhunderte lange dauernde Stigmatisierung der Êzîden als „Anhänger des Bösen" zur Entstehung dieses Tabus geführt haben. Hinter diesem Tabu bzw. Brauch steht die irreführende Annahme, dass *Tawisî Melek* Adam dazu verführt haben soll, vom sog. Baum der Erkenntnis zu essen. Über diese Êzîden unterstellte Behauptung sind drei sich widersprechende Mythen im Umlauf: In einer der Stories vertreibt *Tawisî Melek* „den ersten Menschen Adam" aus dem Garten Eden. In einer zweiten Story weigert sich *Tawisî Melek* in Folge seiner Unkenntnis, dem Gott zu huldigen. Später wird er eines Besseren belehrt und wegen seiner Klug- und Weisheit zum Herrscher des Universums erkoren. In einer dritten Version wird *Tawisî Melek* von Gott wegen seiner ungehorsamen Haltung in die Hölle verbannt[189].

Alle diese Stories widersprechen dem Wesen des êzîdischen Glaubens. Das Êzîdentum geht von der Seelenwanderung aus. Es kennt die Existenz von Hölle als Ort der Verdammnis und Paradies in ihrer ursprünglichen Form nicht. Der Begriff Paradies wird zwar in vielen Texten der Êzîden genannt, doch viele dieser Gesangshymnen und Klagelieder weisen keine spezifisch-theologische Relevanz auf[190]. Wie dargelegt, fehlt im Êzîdentum eine Gestalt oder ein Engel des Bösen. Bei den Êzîden tritt der Tod nur durch einen „Hüllenwechsel" ein. Die Seele des Menschen stirbt nicht. Der Mensch ist nur solange gut, solange er „gut denkt, gut redet und gute Werke verrichtet".

Historisch scheint die Bezeichnung der Êzîden als Teufelsanbeter bis zum 16. Jahrhundert nicht bekannt gewesen zu sein. Erst als der türkisch-osmanische Autor *Evliya Çelebi* (1611-1683) seine „getürkten Reiseberichte" in einem zehnbändigen Werk (*seyahetname*) veröffentlichte, entstand die irreführende Vorstellung, dass Êzîden den Teufel anbeteten. Çelebi selbst war ein ausgebildeter Koran-Rezitator. Er ist bekannt geworden vor allem durch seine maßlosen Übertreibungen und ungenauen Beschreibungen.

---

[189] Gernot Wießner 1984, S. 43.
[190] Vgl. z. B. Jandila Rebiyê, in: Êzdaname I, (73-77) S. 73. Qewlê Pîrê Sîba, ebda, (90-94) S. 93. Qewlê Xafilê Bênasîn, ebda, (129-131) S. 129. Qewlê Zerdeşt, ebda (142-147), S. 143. Qewlê Huseynî Helac, ebda, S. (216-219) S. 217. Qewlê Pêxemberan, in: Emîn Akbaş 2009, S. 121. Qewlê Birahim Pêxember, ebda, (122-124) S. 122.

3. Der Reformator?

Der verbreiteten Auffassung nach ist das moderne Êzîdentum im 12. Jahrhundert von dem Mystiker bzw. Reformer *Sheikh Adi* wesentlich geändert worden. Diese Auffassung ist alles andere als sicher[191]. Gleichwohl sollte man *Sheikh Adi* nicht einfach mit dem Theologen *Martin Luther* vergleichen. Er ist für Êzîden viel mehr als *Martin Luther*, wie die folgenden Ausführungen zeigen. Am ehesten lässt er sich mit Jesus Christus vergleichen, aber ein Prophet ist *Sheikh Adi* nicht[192]. Was ist er dann? Um *Sheikh Adi Bin Misafir*, den Wundervollbringer[193] und Reformer, ranken sich viele Legenden und Mythen. Im Glaubenssystem und in der modernen Êzîdenlehre gilt er als die drittwichtigste Figur. Er kommt direkt nach Gott (*Xweda*) und dem Oberengel (*Tawisî Melek*) und bildet (den Texten nach) mit ihnen eine Einheit. Vieles spricht dafür, dass durch ihn und mit ihm der islamisch geprägte Sufismus auch unter den Êzîden Verbreitung gefunden hat. *Sheikh Adi* war nach Abschluss seiner theologischen Ausbildung in Bagdad in die Region *Hakkarî* bzw. *Lalisch* zurückgekehrt[194].

Die am meisten in diesem Kontext geäußerte Kritik an *Sheikh Adi*, nämlich seine „arabische Abstammung", übersieht, dass fast alle Überlieferungen, die *Sheikh Adi* zugeschrieben werden, in Kurdisch überliefert sind. Im 11. oder 12. Jahrhundert spielte die viel spätere europäische Idee der Nation und des Nationalismus keine Rolle. Außerdem wird *Sheikh Adi* ausschließlich von den Êzîden verehrt. In einer Zeit, in der Êzîden den „Angriffen des Islam" ausgesetzt waren, so die allgemein êzîdische Auffassung, hat er Reformen im Êzîdentum eingeführt und so das Êzîdentum vor seiner Auflösung bzw. seinem Niedergang bewahrt. Doch die êzîdischen Überlieferungen enthalten nur wenige Hinweise darüber, wie *Sheikh Adi* das damalige Êzîdentum reformiert hat[195]. Insbesondere wird ihm die Reformierung der sog. Kastenordnung zugeschrieben.

Der ursprüngliche Aufenthalt von *Sheikh Adi*, sein Geburtsort, seine religiöse und ethnische Zugehörigkeit bedürfen einer eigenständigen

---

[191] Johannes Düchting 2004, S. 506.
[192] So aber John S. Guest: Yezidilerin Tarihi 2001, S. 41.
[193] Vgl. Philip G. Kreyenbroek/Xelîl Cindî Reşow: Tanri ve Şeyh Adî Kusursuzdur, İstanbul 2011, S. 204.
[194] Dem Êzdaname I nach (dort S. 21) ist er mit seinen vierzig Männern nach Damaskus zurückgekehrt.
[195] Vgl. Lalîş, 5, Nisan 1997, S. 21; Philip G. Kreyenbroek 1995, S. 172.

Untersuchung und können hier nicht weiter vertieft werden. Posthum betrachtet waren seine Reformen für die Êzîden mit großen gesellschaftlichen Problemen verbunden. Durch das von *Sheikh Adi* eingeführte Kastensystem sollen vor allem klare Führungsstrukturen geschaffen und alle Hauptschichten sowie die vielen Sondergruppen miteinander verflochten worden sein. Weniger bekannt ist jedoch, dass seine Reformen auch zur Spaltung der êzîdischen Gemeinschaft geführt haben. Erst in der Ära seiner Nachfolger konnte eine gewisse Versöhnung erfolgen[196]. Seine Reformen bzw. die ihm unterstellten Neuerungen hatten den Nachteil, dass alle Êzîden dem herrschenden islamischen Schulsystem Jahrhunderte lang fernblieben[197]. Die dünne, „theologisch besser gestellte Schicht der *qatanî-Sheikhs*" konnte nur in den eigenen vier Wänden lesen und schreiben lernen. Durch das bis heute ungeklärte, aber vielfach dem *Sheikh Adi* zugeschriebene „Verbot des Lesens und Schreibens" wurde die Entwicklung einer formalen und einheitlichen êzîdischen Theologie aufgeschoben, so dass sie bis in die Gegenwart nicht realisiert werden konnte. Dahinter stand die Befürchtung der Êzîden, durch die Beschulung ihrer Kinder werde eine schleichende Assimilierung an den Islam stattfinden[198]. Andererseits hätte eine Alphabetisierung aller Êzîden auf Dauer das Monopolwissen der religiösen Würdenträger und ihre (wenigen) Privilegien erheblich tangiert. Ganz abgesehen davon hat ein nur durch mündliche Überlieferungen vermitteltes religiöses Wissen den Nachteil, dass die Würdenträger irgendwann etwas selbst erfinden, um ihr Ansehen bei ihren Anhängern (*murîds*) zu wahren. Dutzende sprachlich abweichende oder sich widersprechende Texte (*qewls*) sind ein Beleg dafür.

Doch das von *Sheikh Adi* oder zum Teil schon vor seiner Ära eingeführte Kastensystem weist keine Gemeinsamkeiten mit dem indischen Kastensystem auf. Autoren und Forscher, die die êzîdische Kastenordnung mit dem indischen Kastensystem gleichsetzen, verkennen die êzîdische Kastenstruktur: Die êzîdischen „Kasten" sind im Wesentlichen „Heiratsgruppen". Es gibt kein Über- und Unterordnungsverhältnis verschiedener Kasten. Es gibt weder eine „Kaste der Unberührbaren" noch eine „Schicht der Unreinen". Die êzîdischen Kasten beruhen auf einer Abhängigkeit voneinander, aber sind, von Heiratsbeschränkungen abgesehen, untereinander gleichgestellt. Die einzige Parallele bzw. Gemeinsamkeit mit dem Hinduismus besteht in der Geburt in eine Kaste bzw. Schicht hinein sowie im Heiratsverbot zwischen Angehörigen der drei

---

[196] Tosinê Reşîd 2010, S. 261.
[197] Shemmo Issa, in: Issa 2007, (20-23) S. 21.
[198] Johannes Düchting 2004, S. 557.

Kasten sowie in einer gewissen Einteilung in die vielen Unterkasten bzw. Untergruppen. Insbesondere kann im Êzîdentum jeder, unabhängig von seiner Schicht oder Geschlecht, jeden beliebigen Beruf frei wählen. In Indien existiert ein striktes Kastensystem, das von Ungleichbehandlung geprägt ist.

Der einzelne religiöse Würdenträger der Êzîden nimmt eine Doppelrolle wahr: Er ist religiöser Würdenträger, aber auch Laie. Als Laie ist er selbst wiederum quasi Schüler eines anderen Würdenträgers. Als Würdenträger hat er eine bestimmte ihm zugewiesene Klientel, genannt *murîds*. So kann er sich von der großen abhängigen Masse der Laien (*murîds*) nicht abheben. Auch gesellschaftspolitisch bestehen zwischen den einzelnen êzîdischen Schichten keine Barrieren. Vielmehr sind alle Êzîden gehalten, einander zu achten und zu respektieren.

4. Die „Kastenordnung"

Die grobe Kenntnis der religiös-sozialen Organisation der Êzîden ist für das Verständnis des modernen Êzîdentums grundlegend. Die Kastenstruktur unterscheidet sich von der der Hindus wesentlich: Die hinduistischen Kasten und ihr Verhältnis zueinander sind von extremer Ungleichbehandlung geprägt, die êzîdischen nicht. Im Êzîdentum, das in *drei* religiöse Erbklassen bzw. Kasten eingeteilt ist, existiert keine Beamten- und Kriegerkaste, eine Kaste der Bauern oder Kaufleute fehlt ebenso.

Die zwei religiösen Kasten wirken bei allen Zeremonien mit, vor allem beim Ritual des ersten Haareschneidens von männlichen Kleinkindern, aber auch bei Beerdigungen. Ihre allgemeine Aufgabe ist es, die Klientel (*murîds*) zu unterweisen sowie Konflikte zwischen den Gläubigen zu schlichten. Sie sind somit Ansprechpartner für jeden Êzîden und gelten als „Hüter der Religion".

Die religiöse und die Sozialstruktur sind im Êzîdentum nicht deckungsgleich: Alle Êzîden sind in drei Haupt- bzw. „Heirats-gruppen" (*sheikh, pîr, murîd*) aufgeteilt. Alle Êzîden gehören somit einer der drei Hauptkasten („Kasten") an; nur zwei davon haben religiöse Funktionen (*sheikhs, pîrs*). Die dritte Gruppe besteht aus Laien (*murîds*). Die Êzîden in dieser Gruppe der Laien gehören zum allgemeinen Volk bzw. machen die große Masse aus. Innerhalb dieser Masse existieren keine Untergruppierungen, also auch keine Heiratsprobleme (dazu später!).

Die Kastenstruktur ist für den Außenstehenden etwas verwirrend, wenn es heißt, dass alle Êzîden „Laien" genannt werden, somit *murîds* sind. Insofern ist die Bezeichnung *murîd* nach der êzîdischen Lehre ein Oberbegriff, wenn auch verwirrend. Die zwei Kasten mit religiösen Funktionen werden nur pro forma *murîds* genannt, weil auch sie einen *sheikh* und *pîr* benötigen wie das allgemeine Volk. Folglich kann ein *murîd* sowohl ein religiöser Würdenträger *(sheikh, pîr)* als auch ein Laie sein. Das gilt jedoch nur für die zwei Kasten der religiösen Würdenträger. Ausgenommen ist die Kaste der Laien bzw. der Masse, weil sie keine Doppelfunktionen wahrnehmen. Die Masse bzw. die *murîds* sind Anhänger bzw. Klientel der religiösen Würdenträger *(sheikhs, pîrs)*. Sie stellen mehr als 93 bis 94% der Êzîden dar; deswegen werden sie das allgemeine Volk genannt[199].

Prinzipiell ist die religiöse Würde der zwei Kasten, also der *sheikhs* und *pirs* erblich. In der Regel sind es jeweils die ältesten Söhne, die die Rolle bzw. Würde des Vaters übernehmen. Jeder Laie *(murîd)* wird von einem religiösen Würdenträger betreut bzw. unterwiesen. Insgesamt stehen dem einzelnen Êzîden, ob Laie oder Würdenträger, fünf unterschiedliche Würdenträger zur Verfügung, deren Rat er einholen oder es auch sein lassen kann.

Das „Amt des Oberhaupts der Êzîden *(mir)*" wird traditionell von der *sheikhs*-Gruppe der *qatanîs* gestellt. Sein Amt ist erblich und wird vom Vater auf den Sohn übertragen[200]. Seine Stellung endet mit dem Tod. Die politisch zweitwichtigste Rolle haben die *sheikhs* der Gruppe Şemsanîs inne, die sich auf *Sheikh Şems* als ihren historischen Ahnherrn berufen.

Schlichtung und Versöhnung der Êzîden untereinander, Mitwirkung und Durchführung von Knabenbeschneidungen, Waschung von Toten sind Aufgaben der *sheikhs*[201], in der Hierarchie höher gestellter Würdenträger. *Sheikhs* sind gehalten, ihre Anhänger über das Êzîdentum und seine religiösen Inhalte zu unterweisen. Ist der *Sheikh* mangels Fachwissen nicht in der Lage, seine Funktion wahrzunehmen, verwirkt er seinen Anspruch auf Abgaben[202]. Dem *pîr* steht nur die Hälfte dessen zu, was dem *Sheikh* gewährt wird. Über die Höhe der (geringfügigen) Abgaben entscheidet jeder Gläubiger selbst. Die zwei Hauptschichten

---

[199] Xanna Omerxalî: Ezdayetî, 2007, S. 35.
[200] Seit 1944 amtiert Mir Tahsin Saied Beg (geb. 1933). Der derzeitige *mîr* hält sich krankheitsbedingt in der Bundesrepublik Deutschland auf. Sein politischer Einfluss ist seit dem Genozid an Êzîden in *Schengal* im August 2014 gering bzw. wohl auf null geschrumpft, Verf.
[201] Emin Akbaş 2009, S. 45.
[202] Êzdaname I, S. 161.

der religiösen Würdenträger (*sheikhs, pîrs*) haben jeweils 40 kleine Untergruppierungen. Die êzîdische Kastenstruktur der zwei religiösen Kasten bzw. Klassen wird hier noch einmal unnötig verkompliziert.

Nach dem Oberhaupt der Êzîden kommt der *Vater Sheikh*. Dieser wird aus der Gruppe der *Şemsanî*s gewählt. Festtage und Gebete werden im Nordirak (Südkurdistan) von ihm eröffnet und geleitet. Eine wichtige Stellung nehmen auch *Pêşîmame* wahr. Diese gehören zu der Gruppe der *Sheikhs* und sind zuständig bzw. mitzuständig für Heirats- und Hochzeitszeremonien. *Pêşîmame* nehmen eine Stellvertreterfunktion des *Vater Sheikh* wahr, der das geistige Oberhaupt aller Êzîden ist.

Die religiös zweitwichtigste Schicht sind die der *pîr*s. Die *pîr*s unterteilen sich in insgesamt drei Abstammungsgruppen mit je weiteren Untergruppen. Diese drei Gruppen gehören zur Linie bzw. zum Ahnherrn *Pîrê Hesmana* und *Pîrê Pîrefata* sowie zur Linie *Pîre Omerxala*. *Pîr*s haben eine ähnliche Stellung wie die *Sheikhs*, kümmern sich aber auch um Gebete. Jeder Êzîde muss sowohl einem *sheikh* als auch einem *pîr* angehören. Der *pîr* nimmt in der Praxis nur Hilfsfunktionen wahr.

5. Die Grundpflichten und ihre Praxis

Vieles, was *Jesus Christus* in der Bergpredigt gepredigt hat, ist für Christen heute noch von prägender Bedeutung. Für die Muslime sind die „fünf Sälen des Islam" verbindlich. Die Êzîden unterscheiden zwischen Grundwahrheiten und Glaubensregeln. Mit den Glaubenswahrheiten sind die fünf religiösen Würdenträger und mit den letzteren sind die sechs religiösen Normen gemeint. Zu den religiösen Normen gehören: Credo, Fasten, „Taufe", *Tok,* Pilgerfahrt in *Lalish* und die Knaben-Beschneidung (*sinet*). Einige Autoren zählen auch das Beten dazu[203]. Mit „Tok" bzw. „Toka Êzî"[204] ist ein *vau*-förmig geschnittenes weißes Unterhemd gemeint; eine Regel, die nicht von allen modernen Êzîden praktiziert wird. Es fehlen in der êzîdischen Lehre konkrete Hinweise auf die Einhaltung der Gebete. Der êzîdisch-sowjetische Autor *Tosinê Reşîd*[205] erklärt, dass viele Êzîden glauben, sie bräuchten nicht zu beten, weil der Heilige *Sheikh Adi* für sie bete. In der Tat gibt es nicht viele

---

[203] Vgl. z. B. Emin Akbaş 2009, S. 49.
[204] Tok wird auch „Grivan" oder „Pêsira Miqewrî" genannt. Das êzîdische Tok ist ein weißes Unterhemd, mit entweder einem runden oder v-förmigen Ausschnitt.
[205] Tosinê Reşîd 2010, S. 159.

Êzîden, die die Gebete entweder inhaltlich kennen oder täglich rezitieren. Sei es aus Unwissenheit oder mangels Religiosität, die aller wenigsten Êzîden beten.

Zu den religiösen Verbindlichkeiten gehören mit Blick auf die religiösen Würdenträger 1. die Betreuung durch einen *sheikh*; 2. die Betreuung durch einen *pîr*; 3. die Wahl eines Lehrers (*merebî*); 4. die Anerkennung eines „Meisters" (*hoste*) und 5. die Wahl eines Jenseitsbruders. Die Punkte 3. und 4. und zum Teil auch 5. haben kaum noch Bedeutung in der Praxis[206].

Das „Herzstück des Êzîdentums" lässt sich wie folgt zusammenfassen: 1. eine Heirat innerhalb der Êzîden (genannt Scheriat), 2. eine Heirat in der eigenen "Schicht" (*teriqet*), 3. die Respektierung der religiösen "Würdenträger" (*dûnav*), der Glaube an Gott (*Xweda*) und dessen Stellvertreter *Tawisî Melek*.

Das Êzîdentum ist eine Art Volksreligion. Eine Konversion zum Êzîdentum ist nicht möglich bzw. historisch nur sehr selten vorgekommen[207]. Die meisten Êzîden gehen jedoch davon aus, dass sie anders als andere Glaubensangehörige direkt vom *Seidî bin Cher* abstammen, dem Sohn des noch unbefleckten Urvaters Adam. Einzelne Autoren (Othman) behaupten, dass jedem êzîdischen Kind bereits bei der Geburt symbolisch ein Stück von dem Chefengel (*Tawisî Melek*) eingepflanzt werde[208]. Folglich sei eine Bekehrung Andersgläubiger zum Êzîdentum nicht sinnvoll. Wichtig ist aber zu wissen, dass es keine verbindlichen Vorschriften im Êzîdentum gibt, die einem Übertritt zum Êzîden im Wege stünden[209]. So kann der Hohe Religionsrat der Êzîden (*Meclisa Ruhanî*) mit Sitz im Nordirak jemandem den Übertritt zum Êzîdentum ausnahmsweise erlauben[210] oder ihn ablehnen. Allerdings existieren keine Hinweise darüber, in welchen Fällen solche Erlaubnisse erteilt werden oder gemacht wurden.

Alle oder zumindest viele Fragen und deren Antworten, die mit dem Êzîdentum zusammenhängen, lassen sich nach Kenntnis des Verfassers aus den Überlieferungstexten entnehmen.

---

[206] Philip G. Kreyenbroek 2009, S. 20.
[207] Êzdaname I, S. 100, 110.
[208] Mamou Othman: The Êzidi Religion as a microcosm of Kurdish Culture.
[209] Eine Bekehrung zum Islam ist aus historischen Gründen weniger akzeptiert als eine zum Christentum, so z. B. Kreyenbroek 2009, S. 51, 54.
[210] Johannes Düchting 2004, S. 458, 574.

Divergenzen in der êzîdischen Theologie

Theologie ist die Systematik „der Lehre von Gott" bzw. den Göttern im Allgemeinen sowie die Lehre vom Inhalt einer bestimmten Religion und deren Texten im Besonderen.

Vielen Êzîden, die ich kennengelernt habe, ist nicht klar, dass sie wegen der Besonderheit ihrer Religion und Tradition (*oral tradition*) direkt oder indirekt auf die Einhaltung allgemein verbindlicher Normen und Dogmen verzichtet haben. Diese Eigenheit macht die Êzîden im Allgemeinen und die deutschen Êzîden im Besonderen flexibler für die Ausformulierung bzw. Entwicklung einer neuen êzîdischen Theologie, aber auch anfälliger für die Übernahme nicht-êzîdischer Gebote und Verbote. Welchen Umfang und welche Bedeutung haben êzîdische Texte? Lässt sich aus ihnen eine Theologie entwickeln? Wenn ja, was ist dabei zu berücksichtigen?

Die vielen êzîdischen Texte haben meistens einen Umfang von 2 bis 10 Seiten. Sie bestehen meistens aus Gebeten, zahlreichen Hymnen, Klageliedern und „einfachen Geschichten". Für Êzîden sind diese Texte historisch, theologisch, rechtlich, philosophisch und ethisch von zentraler Bedeutung. Allerdings sind sie bisher auf ihren theologisch-rechtlichen und philosophischen Inhalt weder untersucht noch systematisiert worden. Ähnliches gilt für die vielen Divergenzen. *Gernot Wießner*, Theologe und Professor für Religionsgeschichte an der Evangelisch-Theologischen Fakultät der Universität Göttingen (1933 – 1999), war der Meinung, dass aus ihnen kaum eine Theologie entwickelt werden kann[211]. Die Untersuchung eben dieser Texte erweist sich als anspruchsvoll[212]. Warum? Die Texte sind nicht nur unterschiedlich, sondern setzen wichtige Kenntnisse der Historie des Êzîdentums, der êzîdischen Religion, der Mystik im Allgemeinen und der großen Universalreligionen sowie des Alt-Kurdischen voraus. Außerdem finden sich darin – wie wohl in allen sakralen Texten – viele Divergenzen und Ungereimtheiten, die sich im Laufe der Jahrhunderte eingeschlichen haben. Die Theologie hat die Aufgabe, aus diesen êzîdischen Texten ein konsistentes systematisches Lehrkorpus zu entwickeln. Was also tun?

Grundsätzlich können Êzîden mit diesen Texten nach Belieben verfahren bzw. daraus eine ihnen genehme, für das säkulare Denken nachvollziehbare Theologie entwickeln. Eine solche sollte jedoch dem Selbster-

---

[211] Gernot Wießner 1984, a.a.O., S. 40.
[212] Vgl. z. B. Diroze, in: Philip G. Kreyenbroek/Xelîl Cindî Reşow: Tanri ve Şeyh Adî Kusursuzdur, İstanbul 2011, S. 487-497.

haltungswillen der Gemeinschaft einerseits und der Besonderheit der säkularen Gesellschaften Europas anderseits elementar Rechnung tragen. Welche Ungereimtheiten gibt es in den êzîdischen Texten? Zur Illustration sollen nur wenige Beispiele hier angeführt werden. Es gibt Êzîden, die den Ritus der Knabenbeschneidung für nicht verbindlich halten, andere dagegen bestehen darauf[213]. Ähnliches gilt für die Lehre bzw. die Vorstellung von der Reinkarnation, weil êzîdische Texte genau auf das Gegenteil, nämlich auf den Tod vorbereiten. Êzîden werden eindringlich davor gewarnt, materielle Güter grenzenlos anzuhäufen[214].

Wie im Kapitel „Überlieferungstexte und ihre Bedeutung" noch näher darzulegen sein wird (S. 84 ff.), ist die Sprache dieser Texte nicht zuletzt symbolisch zu verstehen. Jeder Versuch, diese Texte nur wortwörtlich auszulegen, wird den Eigenheiten dieser Texte nicht gerecht. Die Formulierung von 72 Edikten, 72 Töchtern und Söhnen *Adam*´s und *Eva*´s, 72 Völkern sowie Vätern[215] legen eine symbolische Sprache nahe. In einigen Texten ist von „sieben Toren, sieben Sphären, sieben Mysterien, sieben Schritten, sieben Monaten, sieben Kelchen, sieben Engeln[216], sieben Säulen[217], sieben Teilen, sieben Lichtern, sieben Standarten, die Rede. Folglich scheint die Zahl Sieben über die Symbolik hinaus auch eine mystische Bedeutung im Êzîdentum zu haben. Die Mystik im Êzîdentum ist überhaupt ein sehr wichtiger Zweig, der noch gesondert untersucht werden muss. Doch welche sonstige, z. B. theologische, symbolische oder historische Bedeutung dieser Zahl bzw. Zahlen zukommt, muss der weiteren Forschung zur Klärung überlassen bleiben.

Wichtig ist zu wissen und zu berücksichtigen, dass das Êzîdentum eine vom Kern her humanistische, dem Respekt der Natur verpflichtende Religion ist. Anders als im „fundamentalistischen Islam", der den Koran wortwörtlich und überzeitlich auslegt, weist das Êzîdentum eine grundlegende, pluralistische Heiligenverehrung auf. Ein Personenkult, der selbst wichtige islamische Mystiker einbezieht, so z. B. *Mansur al-Halladsch* (858–922 n. Chr.), *Shams-a Tabrizi* (1207-1273 n. Chr.) und die frühere *Rabia al-Adawiyya* (717/718–801 n. Chr.). Ähnliches gilt für *Sheikh Adi*, dem Reformer der Êzîden. Allen diesen Mystikern sind im Êzîdentum Gesangshymnen bzw. Klagelieder und Hymnen gewidmet[218]. Dass

---

[213] Siehe z. B. Johannes Düchting 2004, S. 419.
[214] Vgl. z. B. Jandila Mendo, in: Êzdaname I, S. 57. Qewlê Miskîno Jaro, ebda, S. 158.
[215] Celalettin Kartal: Çira TV – Hewara Kurdên Êzdî? (siehe Literaturteil).
[216] Qewlê Zebûnî Meksur, in: Êzdaname I, S. 218.
[217] Qewlê Mizginiyê, in: Êzdaname I, (220 -221) S. 221.
[218] Siehe die Texte, in: Êzdaname I, S. 216-219, 160-164, 73-77.

êzîdische Textprediger/Textspezialisten wie z. B. *qewals* muslimische Mystiker als Heilige bzw. als Vorbilder in die Texte aufgenommen haben, ist kein Zufall. So ist der Sufismus im Allgemeinen wesentlich toleranter als die islamischen Rechtsgelehrten[219]. Für die vielen Strömungen des Sufismus innerhalb des Islam spielt die Religionszugehörigkeit keine große Rolle[220]. Für die Sufis sind die individuellen bzw. spirituellen Beziehungen zu Gott von wegweisender Bedeutung. Das ist sicher der Grund, warum Êzîden den *Sheikh Adi* verehren. Ob *Sheikh Adi*, der Reformer, ein Muslim war, bedarf der weiteren Forschung, doch ein „orthodoxer Muslim" war er nicht. Grund: Ein orthodoxer Muslim ist ein „schriftenorientierter Fundamentalist", der über ein geschlossenes Weltbild verfügt bzw. die Schriften wortwörtlich auslegt. Fundamentalisten propagieren rückwärtsgewandte Utopien[221]. Das aber passt nicht zur Gottessuche, der Philosophie und dem offeneren Weltbild eines Mystikers.

1. Gottesverständnis der Êzîden

Im Êzîdentum kommt das monotheistische Gottesverständnis in einigen Gebeten und am ehesten in der Gesangshymne „Mein Herr" (Qewlê Pedşay) zum Ausdruck. Im streng monotheistischen Islam hat Gott 99 Namen. Es sind Namen, die Gott vorbehalten sind und Eigenschaften Gottes zum Ausdruck bringen[222]. Im Êzîdentum hat Gott 1001 Namen[223]. Der Name *Xweda* (Gott bzw. Schöpfer) ist „der lieblichste und schönste dieser Namen". Es sind Namen, die sich Gott gegeben hat, als er noch in der Ursubstanz (durr, wörtlich: Perle) weilte. Ist nicht anzunehmen, dass sich hinter diesen vielen Namen und Eigenschaften Gottes, die zum Teil in den êzîdischen Texten stehen, eine theologische Botschaft verbirgt? Die êzîdische Mythologie knüpft hier an einen Pluralismus als Teil der Realität und der vielschichtigen Suche nach unendlichen Wahrheiten an.

---

[219] Philip G. Kreyenbroek: Religion and Religions in Kurdistan, Philip G. Kreyenbroek and Christine Allison: Kurdish Culture and Identity, London 1996, (85-110) S. 95.

[220] Der Sufismus ist wesentlich älter als der Islam, Verf.

[221] Vgl. z. B. Lutz Berger: Islamische Theologie, 2010, S. 110.

[222] Alle diese Namen stehen in Amuletten in Form von Gebetssprüchen.

[223] Qewlê Hezar û Yeknav, in: Kreyenbroek/Rashow 2005, (74-82) S. 74. In einem anderen Text (Du´a Tifaqê) ist von 3001 Namen die Rede, die sich Gott gegeben hat, vgl. Philip G. Kreyenbroek/Xelîl Cindî Reşow: Tanri ve Şeyh Adî Kusursuzdur, İstanbul 2011, S. 200, Nr. 11.

Demnach gibt es für die Frage nach dem Leid und damit zusammenhängenden Problemen unendliche viele, durchaus gleichwertige Antworten, die alle von Gott stammen. Es gibt also keinen engen, definitorischen Wahrheitsbegriff im Êzîdentum. Diese Einstellung teilen die Êzîden vor allem mit den kurdischen Aleviten (oder haben sie gemeinsam).

Die „1001 Namen Gottes" weisen auf eine untrennbare Verbindung mit der zentralen Gestalt des Êzîdentums, dem Chefengel dieser Religion hin. Die theologische Funktion und Stellung dieses Chefengels bzw. des Stellvertreters Gottes ist bislang kaum hinreichend untersucht worden. Auch wenn in êzîdischen Gebeten[224] Gott als Herrscher über Erde und Himmel, als Schöpfer der Welt, als Schöpfer des Lichts und des Feuers, als Gott des Daseins und des Jüngsten Gerichts genannt bzw. gepriesen wird[225], gehen die Êzîden davon aus, dass Gott alle Gewalt und Machtmöglichkeiten seinem Oberengel bzw. Chefengel *Tawisî Melek* übertragen hat (Übertragung der Schlüsselgewalt). Wichtig ist also zu wissen, dass Gott nicht aktiv in das Weltgeschehen eingreift. Einige schließen daraus, dass Gott im Êzîdentum sich quasi zur Ruhe gesetzt hat. Doch diese Gottesvorstellung steht diametral den Vorstellungen anderer monotheistischer Glaubenssysteme entgegen. Wie lässt sich das theologisch erklären?

Die Feststellung, dass das Êzîdentum sich zu einem „passiven Gott" bekennt, ist richtig und falsch zugleich. Die êzîdische Lehre geht von einer Versammlung Gottes aus (*Diwana Siltan Êzî*). Eine Versammlung, die von *Tawisî Melek*, dem Chefengel als Versammlungsleiter (*diwanbeg*), geleitet wird. Hieraus lässt sich schließen, dass *Xweda* nicht – wie vielfach angenommen wird – alle Gewalt bzw. Macht aus der Hand gegeben hat. Vielmehr kann *Xweda* in der himmlischen Versammlung durch seinen Rat und sein Zureden auf seinen klugen, ihm gegenüber völlig loyalen Chefengel und die weiteren anwesenden Engel einwirken. *Tawisî Melek* ist damit der Akteur Gottes und setzt Gottes Pläne und Anweisungen buchstabengetreu um. *Tawisî Melek* ist gleichzeitig jener Engel, geschaffen aus dem Licht Gottes, der sich in Erinnerung an Gottes Ratschläge weigerte, vor einem „aus Staub geschaffenen Menschen": Adam, niederzuknien[226]. Angelehnt an die biblische Überlieferung gilt er in den

---

[224] Die Gebete in der Übersetzung von Chaukeddin Issa, in: Chaukeddin Issa 2007, S. 231.

[225] Der Pslam „Mein Herr" in der Übersetzung von Chaukeddin Issa, in: Chaukeddin Issa 2007, S. 253 ff.

[226] Siehe z. B. Kemal Tolan 2006, S. 108. Den Texten nach ist der Adam aus den vier Elementen: Erde, Wasser, Wind und Feuer geschaffen worden. Der religi-

großen monotheistischen Religionen als aufsässiger Engel. Als Gott den Engel befiehlt, sich vor dem ersten Menschen niederzuwerfen, verweigert *Iblis* dies[227]. Er wurde aber nach der êzîdischen Lehre genau dieser weisen Haltung wegen von Gott zu seinem alleinigen Stellvertreter gekrönt. Er wurde ein Erzengel, der seine Êzîden und indirekt auch die Menschheit dazu auffordert, Befehle nicht unreflektiert zu übernehmen. Von einem ethisch-humanistischen Standpunkt aus, ist die Menschheit mit einem weisen Engel besser dran als „Propheten" oder „Gottessöhne", die dem Schöpfer bzw. Gott ihre vielen eigenen Irrtümer, „heilige Kriege" (Islam) und vor allem die Jahrtausende alte „Unterdrückung der Frau" (Islam, Christentum) unterstellen. So wollen Propheten und „Gottessöhne" von ihren vielen Unzulänglichkeiten und Irrtümern ablenken, der Chefengel der Êzîden übernimmt aber persönlich die Eigenverantwortung, verhält sich Gott gegenüber stets treu.

Nach êzîdischer Lehre ist Gott überall präsent und allmächtig. Er ist „der weise Wegweiser" (*xweshrêber e*). Er hat sich selbst, die Welt und die Menschheit geschaffen. Er ist der „Herr" dieser Erde und des Jenseits. Er hat weder einen Partner noch einen Freund, weder Vater noch Mutter. Von ihm, dem Herrn der sieben Engel, stammen die Entscheidungen und Befehle[228]. Er ist edelmütig, allmächtig, ewig, barmherzig und allwissend[229].

Es wurde schon erwähnt, dass der Versammlung Gottes *Tawisî Melek* als Versammlungsleiter vorsitzt. Dieser heilige Versammlungsleiter ist gleichzeitig der Sonnengott[230], genannt *Scheschims*. Der Begriff *Scheschims*, der für die Sonne steht bzw. die Sonne symbolisiert, wie sich aus der *Beyta Sibê* und *Jandila Scheschims* ergibt, ist nicht eng und wortwörtlich zu verstehen. Er ist vieldeutig und steht u.a. für Religion, Licht der Augen[231], Hoffnung und Schutz der Gemeinschaft[232], was wiederum auf die Sonne bzw. auf die Symbolik der êzîdischen Texte und ihre flexible

---

öse Texte Zebuni Meksur in der Übersetzung von Chaukeddin Issa, in: Chaukeddin Issa 2007, S. 243.

[227] Vgl. z. B. Koran 2, 34.

[228] Siehe die êzîdischen Texte, in: Kemal Tolan 2006. S. 17-27 (Qewlê afirandina dinyayê (Die Hymne über die Entstehung der Welt), Xweda kî ye (Wer ist Gott?).

[229] Qewlê afirandina dinyayê, in: Êzdaname I, S. 81-84.

[230] Siehe Beyta Şêşims, in: Kemal Tolan 2006, S. 49, 56. Siehe auch die Formulierung „Scheschims diwanbegê Xweda ye", in: Êzdaname I, S. 58.

[231] Das êzîdische Glaubensbekenntnis in der Übersetzung von Chaukeddin Issa 2007, S. 227.

[232] Jandila Şêşims, in: Êzdaname I, S. 69.

Sprache hindeutet. Dieser Sonnengott, genannt *Scheschims*, ist ein Engel, somit der êzîdische Chefengel selbst. Ein Teil der Sonne repräsentiert die Hölle, der andere Teil das Himmelreich. Damit symbolisiert der Sonnengott die Sonne. Er ist der König, die Hoffnung und die Heiligkeit. Die Sonne steht gleichzeitig für das zentrale Heiligtum der Êzîden (*Lalish*) und die Schule bzw. die Erziehung. Selbst die Juden und die Christen können die Sonne bzw. den Sonnengott als Spenderin des Lichts und damit des Lebens nicht ignorieren[233]. Der Name *Scheschims* steht damit für unterschiedliche Sachverhalte, Götter und Funktionen. Muss nicht daraus geschlossen werden, dass Êzîden früher Sonnenanbeter waren? Noch heute beten Êzîden mit Blick zur Sonne bzw. in Richtung Sonne.

Wichtig ist aber zu wissen, dass es nicht der Chefengel, sondern Gott ist, der das Universum und alle Lebewesen geschaffen hat. Doch der Chefengel war auf Anweisung Gottes an der Schöpfung substantiell beteiligt, wenn auch nur mit anderen Engeln zusammen. Diese Besonderheit weist auf einen zentralen Unterschied zwischen dem Êzîdentum und anderen monotheistischen Religionen hin. Gott hat alle Engel geschaffen und *Tawisî Melek* zu ihrem Chefengel ernannt, aber sich nicht „endgültig" zur Ruhe gesetzt. Sonst bräuchte er nicht einer göttlichen Versammlung beizuwohnen.

Anders als im römisch-katholischen Christentum, in dem Gläubigen noch in dieser Welt die Schuld vergeben werden kann, wenn sie vorher ihre Sünden bereut haben, gilt im Êzîdentum der Grundsatz, dass Menschen an ihren Taten zu messen sind, nicht an ihrer bloßen Frömmigkeit. Das erklärt auch, warum im Êzîdentum alle Menschen, ob Êzîde oder nicht, in das Himmelreich gelangen können. Allerdings muss der Mensch bzw. seine unsterbliche Seele, so lange in dieser Welt verweilen, von Körper zu Körper wandern[234], darin leben, bis sie ihren „sündenfreien Zustand" überwunden hat. Erst dann ist der Weg frei zum Eintritt in das ewige Himmelreich[235]. Die Hölle ist nur für diejenigen geschaffen, die den Chefengel *Tawisî Melek* dreimal täglich (vorsätzlich) verfluchten[236]. Gleichwohl passt die Vorstellung von einem Jenseits im Sinne

---

[233] So z. B. Kemal Tolan 2006, S. 113-119. Der Hymne Scheschims nach verehren Christen und Juden den Sonnengott, ders. S. 116.

[234] Eine Seelenwanderung kann, ähnlich wie bei Yarasan und Aleviten, auch zwischen Tier und Mensch stattfinden.

[235] Kemal Tolan 2006, S. 223 f. Der Begriff Jenseits ist ein zentraler Bestandteil der êzîdischen Lehre und taucht in zahlreichen êzîdischen Texten auf, Verf.

[236] Chaukdedin Issa S. 211 ff, dort unter Psalm 31. Gewisse Teile der Hymne *Qerefirqan* werfen ebenso theologische Divergenzen auf. Dem Inhalt dieser Hymne nach darf keiner an der Richtigkeit ihres Inhalts zweifeln, vgl. Issa, S. 213, dort Psalm 48.

eines Paradieses, wie bereits mehrfach dargelegt, nicht zum êzîdischen Glaubenssystem. Warum? Die Vorstellung von Paradies und Hölle ist wohl erst später, im 10. Jahrhundert, von Êzîden übernommen worden[237]. Das Leben endet nicht mit dem Tod. Mit dem Tod zerfällt nur der Körper, die Seele bzw. der geistige Teil lebt weiter[238]. Gemessen an seinen Taten kann der Êzîde entweder als bettelarmer oder einflussreicher Mensch zur Welt kommen bzw. wiedergeboren werden. Diese êzîdische Jenseitsvorstellung ist wesentlich erträglicher als ewig in der Hölle zu schmoren (Islam) oder im Ort der ewigen Verdammnis zu landen (Christentum). Die künftige êzîdische Theologie muss sich der Lehre der Wiedergeburt stellen und sie begründen.

2. Tawisî Melek

Über *Tawisî Melek* wurde schon im Kapitel „Der Chefengel" einiges erläutert. Der „weise Engel", genannt der Chefengel, auf den selbst der Schöpfer stolz ist, ist nach der êzîdischen Lehre aus dem Licht Gottes geschaffen worden. Er ist der Torhüter des Himmelreichs[239], der Vermessungsingenieur der Erde[240], aber auch der Todesengel und gleichzeitig Herr der Êzîden. Er erscheint einmal im Jahr auf der Erde. Er verwandelt ausgewählte Menschen in Heilige und hat die Befehlsgewalt über die sechs Engel. Seine uneingeschränkte Allmacht entspricht insoweit Gottes Allmacht in den großen monotheistischen Weltreligionen[241]. Der Gott in der êzîdischen Version regiert nur im Hintergrund bzw. durch seine *Diwana Siltan Êzî*, die mystische Himmelversammlung Gottes. In einigen êzîdischen Texten wird der Chefengel mit Gott angeredet[242]. Er ist überall gegenwärtig[243]. Wichtig ist die Feststellung, dass dieser Chefengel sich zwar um sein Volk, die Êzîden, kümmert, aber

---

[237] So Othman Mamou: Die Beziehungen des Sufismus zum Yezidentum, in: http://www.yeziden.de/beziehungen_sufismus.0.html.

[238] Eine ähnliche Vorstellung existiert auch bei den Sikhs in Indien, Marc Gellman und Thomas Hartman 2008, S. 179.

[239] Emîn Akbaş 2009, S. 37.

[240] Qewlê Keniya Mara, in: Philip G. Kreyenbroek/Xelîl Cindî Reşow: Tanrı ve Şeyh Adî Kusursuzdur, İstanbul 2011, S. 678, Nr. 15.

[241] Gott übergab seinem Chefengel die Schlüsselgewalt für sieben Himmel und Erden, so z. B. Kemal Tolan, S. 202.

[242] "Yarebî her tu xwedayî", siehe Êzdaname I, S. 87.

[243] Qewlê Tawisî Melek, in: Êzdaname I, S. 87-89.

gleichwohl eine tolerante Einstellung gegenüber allen anderen Völkern hat.

Mit Blick auf die in der êzîdischen Lehre vorherrschende Definitionsmacht des Chefengels entstehen Divergenzen, wenn man im Êzîdentum wie im Christentum und Islam von einem *Mahdi* ausgeht, den die Texte nahelegen. In Wirklichkeit ist die *Mahdi*-Funktion dem Chefengel allein vorbehalten. Folglich benötigen Êzîden von ihrem Glaubenssystem her keinen Erlöser oder Retter. Nur der Chefengel kommt jedes Jahr zum êzîdischen Neujahrsfest im April auf die Erde, um nach seinem „schwergeprüften Volk" zu schauen oder Retter bzw. Heilige auf die Erde zu entsenden. Nur so ist auch zu erklären, dass er zu verschiedenen Zeiten und Epochen *(bedil)* sein Mysterium an ausgewählte Personen zur Rettung seines Volkes überträgt. Hingegen ist die Vorstellung von einem Erlöser[244] wahrscheinlich christlichen oder islamischen Ursprungs.

Den êzîdischen Texten zufolge soll die Vertreibung *Adam*s aus dem Garten Eden durch die Engel erfolgt sein[245], die unter der Befehlsgewalt des Chefengels stehen. Angeblich wollte der Chefengel verhindern, dass Adam den Garten Eden mit seinen Exkrementen befleckt. Diese Divergenz der êzîdischen Lehre ist ebenso wenig mit dem Êzîdentum vereinbar, wie ihm die Vorstellung eines Paradieses, fremd ist. Muss nicht die künftige êzîdische Theologie sich mit diesem aufgezeigten Widerspruch auseinandersetzen?

3. Sheikh Adi

Wie bereits im Kapitel „Der Reformator" näher dargelegt, gehören die Stellung und Funktion von *Sheikh Adi* in der êzîdischen Theologie zu den ungeklärten Fragen. In einigen Überlieferungen *(qewls)* gilt als Glaubensaussage, er sei König, „All-Problem-Löser" und Wunderheilbringer[246]. Er ist perfekt[247] und der Stellvertreter des Chefengels. Er ist wie der Chef-

---

[244] Vgl. Emîn Akbaş 2009, S. 112 f. In anderen Quellen gilt *Sherfedîn* als ein *mîr* der Êzîden, den der Statthalter von Mossul, Bedreddin Lulu, im 12. Jahrhundert umbringen ließ.
[245] Qewlê afirandina dinyayê, in: Êzdaname I, S. 86; siehe Qewlê Tawisî Melek, in: Kemal Tolan 2006, S. 201f.
[246] Qewlê Îmanê, in: Êzdaname I, S. 96-97, 185-187 (Qewlê Şêxadî û Mêra).
[247] Qewlê Îmanê, in: Êzdaname I, S. 100.

engel aus dem Licht Gottes geschaffen[248] und bildet eine Einheit mit „dem êzîdischen Gott".

Den Texten nach ist *Sheikh Adi* kein Mensch, sondern ein Engel, obwohl er ein Mensch war. Als Engel bildet er eine Einheit mit dem Chefengel der Êzîden. Diese Vorstellung lässt sich schwer vereinbaren mit der Tatsache, dass sich die Grabstätte *Sheikh Adi*'s in *Lalish* befindet. Dies ist ein weiterer Grund dafür, weshalb die êzîdischen Texte nicht wortwörtlich zu nehmen sind. Sind die Texte aber nicht wortwörtlich zu nehmen, so bleiben Zweifel an ihrer Geltung und ihrem Inhalt bestehen. Außerdem erinnert diese Lehre an die christliche Dreieinigkeit. Êzîdische Intelligenzler haben jedoch die Möglichkeit, die Stellung *Sheikh Adi*'s zu entmythologisieren bzw. neu zu definieren.

4. Die êzîdische Schöpfungstheorie

Wie sehen die êzîdische Entstehungstheorie und ihre theologischen Probleme aus? Warum sollen Êzîden von dem Urvater *Seid bin Cher*, dem meist geliebten Sohn *Adam*'s, abstammen, während alle anderen Menschen aus der Verbindung zwischen Adam und Eva stammen sollen? Die Êzîden stammen ihrer Lehre nach nicht aus einer Verbindung zwischen Adam und Eva, sondern aus dem „unbefleckten Samen" von Adam. Aus dem unberührten Samen von Adam ging *Seid bin Cher* hervor, ein wahrer Schönling. Dieser heiratete auf Veranlassung des Chefengels eine Fee (*horî*) aus dem Garten Eden[249]: *Leyla*, die „Mutter aller Êzîden".

Wichtig ist zu wissen, dass êzîdische Texte von der Existenz einer Urperle ausgehen[250], aus der alles Dasein entstanden ist. Die Perle ist von Gott geschaffen worden, aber Gott selber kam aus der Urperle[251]. In dieser Perle bzw. Ursubstanz befanden sich die vier bzw. fünf Elemente: die Luft, die Berge, die Erde, die Landschaften und die Planeten. Somit weist das Êzîdentum eine eigene Schöpfungsgeschichte auf, die sicher erst später übernommen worden ist.

---

248 Lalish-Dialog 1/2013, S. 20.

249 So z. B. Kemal Tolan 2006, S. 109. Die Namen *Hurî* und *Leyla* haben mit dem Êzîdentum und der êzîdischen Tradition wohl kaum etwas zu tun, Verf.

250 Insgesamt gibt es drei Perlen, die Gott geschaffen hat, vgl. Du´a Baweriyê, in: Philip G. Kreyenbroek/Xelîl Cindî Reşow: Tanrı ve Şeyh Adî Kusursuzdur, İstanbul 2011, S. 188.

251 Qewlê Zebunî Meksur, in: Êzdaname I, (205-209) S. 205.

Die êzîdische Schöpfungsgeschichte beruht auf der Vorstellung der Unendlichkeit, hat aber eine gewisse Ähnlichkeit mit der hinduistischen Variante[252]. Demnach existiert eine Sphäre, die hinter der geistigen und materiellen Welt liegt. In diesem Ur-Stadium existierte nur Gott allein, weswegen Gott weder Partner noch Freunde hat[253]. Dies war eine Zeit, zu der weder Himmel noch Erde, weder Menschen noch Ozeane gab. Gott (*Xweda*) ist der Schöpfer, mit dem alles begann und der alles in Gang gesetzt hat[254]. Insoweit gibt es Gemeinsamkeiten mit den großen monotheistischen Universalreligionen. Nicht nur die Kurden und ihre Êzîden, sondern auch die weiteren indoarischen Völker wie die Perser und Afghanen nennen ihren Gott *Xweda*.

Aus dem ersten Ur-Stadium des Seins erschuf *Xweda* aus seinem unendlichen Licht eine weiße Perle. An dem Urzustand bzw. die Urperle wird jedes Jahr zum Neujahrsfest der Êzîden in Form von gefärbten Eiern erinnert. Nach dem êzîdischen Glauben bzw. als Gegenstand der Verehrung hat *Xweda* 99 Farben[255] (Hier tauchen weitere theologische Probleme auf, weil die Êzîden von 99 verbindlichen Normen ausgehen[256]). Jede der Farben steht für eine Wahrheit. So hat sich die Vorstellung entwickelt, dass jeder Glaube bzw. auch jede Religion „Teil der Wahrheit" ist. Anders als in den monotheistischen Religionen gibt es nicht die eine einzige Wahrheit. Daraus lässt sich schließen, dass die Wege, die zur Erkenntnis und Wahrheit führen, unterschiedlich und vielfältig sind. Gott, und hier ist schon wieder die Parallele zum Alevitentum und Yarasan, findet sich im Menschen selbst. Der Mensch ist das Spiegelbild Gottes bzw. des Universums. Somit ist die menschliche Sicht und Handlungsfähigkeit im Êzîdentum nicht eingeschränkt, sondern unendlich. Wer auch immer nach der Wahrheit sucht, der wird sie finden. Der Mensch hat aber die Wahl zwischen den der Gemeinschaft nützlichen und materiellen, irdischen Trieben wie Macht und Habgier, Arroganz und Egoismus, Intoleranz und Hass. Darüber entscheidet er allein, sollte sich aber von der Vernunft und der pazifistischen Ethik leiten lassen. Er ist an seinen Taten – wie bereits erwähnt – nicht an seiner Religionszugehörigkeit, Nationalität oder ähnlichem zu messen. Alle Menschen sind also gleichwertig.

---

[252] Marc Gellman und Thomas Hartman: Religionen der Welt für Dummies, 2008, S. 323.
[253] Derselbe (S. 22), dort unter „Xweda kî ye"?
[254] Êzdaname I, S. 15, 81.
[255] Du´a baweriyê, in: Philip G. Kreyenbroek/Xelîl Cindî Reşow: Tanri ve Şeyh Adî Kusursuzdur, İstanbul 2011, S. 188.
[256] Ebda, S. 189.

Wollte man diese generalisierende Vorstellung auf das bestehende Kastensystem der Êzîden übertragen, wäre die Schichtenzugehörigkeit im Êzîdentum systemwidrig und somit kaum zu rechtfertigen.

Die Stellung der Frau und die êzîdischen Texte

Aus islamischer Sicht ist es fast ein Tabu, über die ungleiche Stellung der Frau mit einem strenggläubigen Orientalen zu sprechen. Westlichsäkulare Gesellschaften messen der Frau eine grundlegende Bedeutung bei. Allerdings hat die westliche Moderne lange gebraucht bzw. mit sich gehadert, die Stellung der Frau als Prüfstein zu nehmen. Dem Verfasser erscheint es wichtig, die Stellung der Frau anhand der êzîdischen Text abzuhandeln, aber auch auf die Praxis kurz und knapp einzugehen. Viele Êzîden weisen auf die Gleichstellung der Geschlechter im Êzîdentum hin, um auf die Vorzüge und die Toleranz des Êzîdentums gegenüber vielen anderen monotheistischen Religionen hinzuweisen. Ebenso verweisen sie mit einem gewissen Stolz darauf, dass im Namen ihrer Religion nachweislich keine Kriege geführt und Massaker verübt worden sind.

Wer die Stellung der Frau überprüfen will, muss die Gesangshymnen bzw. êzîdische Texte als Prüfstein nehmen. Prinzipiell gehören die Gesangshymnen zu den wichtigsten religiösen und philosophischen Texten der Êzîden. Jede Hymne handelt von einem einzelnen Thema[257] oder gibt die êzîdische Philosophie wieder oder hat ein geschichtliches Ereignis zum Gegenstand[258]. Forscher oder Autoren, die die Texte der Êzîden als „heilig" oder als „Worte Gottes" ansehen, verkennen jedoch die Eigenheiten dieser Texte. Warum?

1. Überlieferungstexte und ihre Bedeutung

Man könnte die vielen Texte der Êzîden „die Kunst der schönen Worte" nennen. Eine Beschreibung, die der Besonderheit dieser Texte nicht gerecht wird. Die Texte sind über Jahrhunderte zuerst mündlich vorgetragen, weitergereicht und erst ab den 1980er Jahren allmählich veröffentlicht wurden. Sie sind anders als fixierte Offenbarungsschriften

---

[257] Qewlê Rojê, Qewlê Seremergê, Qewlê Hîvê usw.
[258] Xelîl Cindî: Derheqa Parvekirina Dinê Êzdiyan, in: Roj 2000, S. 181.

wie z. B. die Bibel oder der Koran stets offen für inhaltliche Veränderungen[259]. So existieren von ein und derselben Hymne oft verschiedene Versionen, die zum Teil erheblich voneinander abweichen[260]. Dies macht es schwierig, die Texte für alle Êzîden verbindlich zu erklären oder sie als heilig einzustufen.

Von den mündlichen Überlieferungstexten der Êzîden bilden die Gesangshymnen „das religiöse Herz der Êzîden". Sie haben prinzipiell Vorrang vor Klageliedern. Innerhalb der Texte gibt es jedoch eine gewisse Hierarchie. So haben Gebete und Klagelieder im Allgemeinen eine zweitrangige Bedeutung im Vergleich zu Gesangshymnen, die letzteren mehr Glaubensvorschriften und Grundsätze der êzîdischen Philosophie beinhalten. Ihr Inhalt handelt meistens von Legenden über einzelne Vorfahren sowie Vorbilder (*babçek*s). Sie geben nicht zuletzt die êzîdische Lebenseinstellung und Weisheiten sowie eine spirituell-theologische Orientierung wieder.

Allerdings ist nur den wenigen Spezialisten (*qewal*s) und einigen interessierten Autoren der Inhalt dieser Texte bekannt. Vielen „erblichen Würdenträgern" und einem Großteil der Masse ist die Kenntnis dieser Texte noch ganz oder weitgehend unbekannt. Ihre Sprache ist im Vergleich zu der der Gebete kompliziert. Wichtig ist die immanente Botschaft dieser Texte[261]. Die von Forschern festgestellte Unkenntnis der Masse über den Inhalt oder den Großteil dieser Texte wirft Fragen hinsichtlich der genauen Geltung der Normen auf. Prinzipiell muss jedoch jede Hymne auf ihre konkrete Normengeltung, Urheberschaft und Historie untersucht werden. Erst dann können die einzelnen Hymnen oder die sonstigen Texte überhaupt einen verbindlichen Rang sowie eine gesellschaftspolitische Bedeutung erlangen. Die êzîdischen Gesangshymnen (*qewl*s) enthalten philosophische [262], gesellschaftspolitische[263], historische[264], religiöse[265] und empfehlende[266] Botschaften. Vielfach haben sie nur eine symbolische Bedeutung[267]. Eine pauschale Behauptung, wonach alle Hymen heilig seien[268] und somit eventuell eine

---

[259] Eszter Spät 2010, S. 17, 94, 128.
[260] Vgl. Êzdaname I, S. 133.
[261] Omerxalî/Xankî 2009, S. 27.
[262] "Binî Ademo li vê dinyayê nebe tima".
[263] Qewlê Şeqeserî.
[264] "Ev dinya ji me re bûye doje".
[265] „Ya rebî tu riha dibî û distînî".
[266] „Kesek bi nefsa mezin naçe pêş".
[267] „Şêx Adî ji Şamê firî".
[268] Kreyenbroek/Rashow 2005, S. XV, 38.

Normengeltung beanspruchen, ist theologisch nicht vertretbar. Allerdings betrachten zwei führende Êzîdenforscher *Kreyenbroek/Rashow* (2005) die Gesangshymnen (*qewls*) als „heilig". Ihnen zufolge seien die Hymnen heilige Texte. Sie seien das „Gegenstück" zu den Offenbarungsschriften anderer Religionen. Dieser Auffassung verkennt vollends die Besonderheiten der oralen Texte der Êzîden. Es gibt zwar einen weiteren wichtigen êzîdischen Autor[269], der behauptet, es sei nicht erlaubt, Hymnen und ihren Gegenstand in Frage zu stellen, weil sie die Philosophie und den Glauben der Êzîden verkörperten. Doch auch *Kemal Tolan* übersieht, dass von vielen Hymnen inhaltlich verschiedene Versionen existieren, die alle zugleich Gültigkeit beanspruchen. Insofern vertritt er eine Einzelmeinung, die dem Wesen der êzîdischen Texte und deren Praxis widerspricht. Vielmehr ist gang und gäbe, Hymnen sowie weitere Texte und deren Inhalt in Frage zu stellen. Das ist der Grund, warum meistens ihr spiritueller Charakter im Vordergrund steht und sie nicht wortwörtlich zu nehmen sind. Doch selbst wenn eine Glaubensvorschrift bzw. ein Ritual, Verbot oder Tabu, ein sonstiges Ge- oder Verbot in einer Gesangshymne inhaltlich aufgeführt ist, braucht dies nicht für êzîdische Würdenträger oder alle Êzîden verbindlich zu sein. Zudem sind im Êzîdentum absolute wie auch relative Verbote zu beachten. Zu den absoluten Verboten bzw. Tabus gehören „die drei unverzeihlichen Sünden"[270], die „drei Buchstaben" („sê herf") genannt: Die strikte Einhaltung der Heirat innerhalb der eigenen Klasse bzw. Kaste oder Unterkaste (1), die Heirat nur mit einem Êzîden (2) sowie das Nichtbeleidigen von religiösen Würdenträgern (3). Es wird aber noch zu zeigen sein, dass selbst diese traditionellen, als absolute Sünden geltenden Vorschriften in Deutschland möglicherweise Veränderungen unterliegen werden.

2. Die „Gleichheit der Geschlechter"?

Die meisten parsischen Zoroastrier[271] berufen sich wie die modernen Êzîden darauf, dass eine religiöse Gleichstellung zwischen den Geschlechtern existiert. Grund: Den Frauen wird wegen ihrer Verdienste ein Platz im Jenseits zugewiesen. Deutsch-êzîdische Autoren wie *Kemal Tolan* und *Chaukeddin Issa* gehen von einer „Gleichstellung der Geschlechter" im

---

269 Kemal Tolan 2006, S. 166.
270 Siehe dazu Kreyenbroek 2009, S. 26 f.
271 Michael Stausberg: Zarathustra und seine Religion, München 2005, S. 83.

Êzîdentum aus²⁷². Êzîden sind zwar Teil der patriarchalischen Gesellschaften des Orients, doch fehlen im Hinblick auf die Benachteiligung der Frau konkrete verbindliche Regelungen in ihren textlichen Grundlagen. Vielmehr gelten für Mann und Frau dieselben Gebote und Verbote. Vor der Zwangsislamisierung hätten die Êzîdinnen sogar ein umfassendes Mitspracherecht gehabt. Mit der Zwangsislamisierung hätte sich die Stellung der Frau erheblich verschlechtert. Die Gleichstellung existiere zwar noch, doch die Männer genössen ein viel höheres Ansehen²⁷³. Diese Meinung vermag nicht auf Anhieb zu überzeugen. Folglich muss jede Überprüfung der Stellung der Frau bei den Êzîden damit beginnen, ob das Êzîdentum in seinen textlichen Grundlagen eine Benachteiligung der Frau kennt bzw. die Gleichbehandlung vorschreibt. Letzteres kann bereits an dieser Stelle verneint werden, also bracht nur ersteres näher untersucht werden.

3. Die Stellung der Frau nach den Texten

Einem vielzitierten „Klagelied" (*Jandil*) der Êzîden zufolge sind Mann und Frau von Gott geschaffen worden. „Beide sind Teilhaber im Himmel"²⁷⁴. Der Text geht nur von einer Gleichheit der Geschlechter im Jenseits aus. Eine weitere Prüfung dieses Textes macht also keinen Sinn. Es gibt jedoch eine Hymne, die sich auf den Status von Mann und Frau im Diesseits bezieht. Die Hymne, Gesang der Eltern genannt, geht zurück auf *Sheikh Fexrê Adiyan*, den „Begründer der êzîdischen Philosophie"²⁷⁵. Dieser Text ist von mehreren Autoren veröffentlicht worden. In ihm sind Mann und Frau aufgefordert, der Mutter und dem Vater gegenüber Respekt zu bezeugen. Dem Mann kommt die Rolle des „Oberhaupts", der Frau eine bewahrende zu. Die Erfüllung religiöser Pflichten, wie z. B. das Fasten oder das Beten machen keinen Sinn, wenn den eigenen Eltern gegenüber kein Respekt erwiesen wird. Der Mensch soll alles unternehmen, um seine Eltern zufrieden zu stellen. Er soll keine Entscheidung treffen, die seinen Eltern missfällt.

---

[272] Kemal Tolan 2006, S. 225; Vortrag von Chaukeddin Issa: „Êzîdische Helden" auf YouTube, in: http://www.youtube.com/watch?v=Flw 2TN tnWkw.
[273] So Sonya Özmen: Die Frau im Êzîdentum (Literaturteil).
[274] Siehe den Text von Jandila Şêwran, in: Êzdaname I, S. 63.
[275] Emîn Akbaş 2009, S. 119-120. Siehe auch Qewlê Şêx Aqûb, in: Êzdaname I, S. 227-237.

In einem anderen Text, der „Hymne des richtigen Benehmens"[276] geht es um „das korrekte Benehmen" des Gastgebers. Danach soll sich der Mann seinen Gästen und weiteren Menschen gegenüber großzügig verhalten. Vor allem soll er Wucher vermeiden sowie Gäste unabhängig von ihrer religiösen Zugehörigkeit gleich behandeln. Weder soll er Ehebruch begehen noch sich nach den Befehlen der Ehefrauen richten. Er soll der êzîdischen Frau nicht erlauben, allein zu verreisen. Letzteres kommt einem pauschalen Reiseverbot für die êzîdischen Frauen gleich. Die damit verbundenen Konsequenzen sind aber nicht konkret erwähnt oder aufgeführt.

Zu fragen ist, ob mit dieser Formulierung eine evidente Benachteiligung der Êzîdin verbunden ist? Man könnte vorschnell versucht sein, zu meinen, dass der Text die Reisefreiheit der êzîdischen Frau ganz einschränkt. Doch eine solche Auslegung wäre weder theologisch noch dogmatisch vertretbar. Die Entstehung dieser Hymne hängt offenbar mit der prekären Lage der Êzîden in einer ihnen gegenüber feindlich eingestellten Umgebung zusammen. Die êzîdische Geschichte ist voll von Beispielen, wonach Muslime fortwährend êzîdische Frauen entführt haben. Eine Êzîdin in den Ländern des Nahen Ostens war prinzipiell der Gefahr ausgesetzt, von Muslimen entführt zu werden. Doch von dieser Hymne existieren mehrere unterschiedliche Versionen. *Emin Akbaş*[277] zitiert nur einige Strophen aus dieser Hymne. Ein Vergleich mit anderen veröffentlichten Versionen (siehe z. B. *Kreyenboreek/Rashow 2005*) zeigt, dass der Wortlaut der Hymne fortwährend geändert worden ist.

Diese Hymne als Verbot einer umfassenden Reisefreiheit für die êzîdischen Frauen zu verstehen, würde bedeuten, die traditionelle Einstellung der Êzîden als einer oralen Gemeinschaft zu verkennen: Die Êzîden kennen mehrheitlich weder ihre Texte noch werden sie in der Praxis wortwörtlich genommen. Von wenigen Ausnahmen abgesehen, werden die vielen Texte nur als Inspirationsquelle verstanden. Allerdings achten die Êzîden, wenn auch nicht streng, darauf, ob der einzelne Êzîde in seiner Gemeinschaft lebt und sich sonst seinen Eltern, älteren Mitmenschen und den Würdenträgern gegenüber respektvoll verhält. Im Alltag spielen die vielen Hymnen und die vielen sonstigen Texte sowie deren Inhalte keine nennenswerte Rolle. Hinzu kommt, dass auch die anderen Hymnen so gut wie keine Normengeltung beanspruchen. Jeder Hymnenspezialist[278] fügt neue Wörter hinzu und verändert dadurch gewollt

---

[276] Kreyenbroek/Rashow 2005, S. 298 ff.
[277] Akbaş 2009, S. 119f.
[278] Die meisten von ihnen sind die sog. wandernden *qewal*s, deren Zahl erheblich nachgelassen hat.

oder ungewollt deren Inhalt. Nur in seltenen Fällen enthalten die Hymnen den Begriff „Pflicht" (*ferz*). Berücksichtigt man den Inhalt vieler Hymnen, so wird klar, warum den Texten keine wörtliche Normengeltung zukommt. Die vielen symbolischen Angaben wie „700 Jahre", „90 000 Jahre", „124 000 Reiter", „124 000 Propheten", „72 Edikte", „80 000 Kreaturen", „12 000 Grüße" machen es unmöglich, die Hymnen und ihre Inhalte wortwörtlich zu nehmen.

4. Die Stellung der Frau in der Praxis

Es ist richtig, dass Männer in der Praxis mehr Ansehen und wesentlich mehr Rechte als Frauen genießen. So müssen die êzîdischen Frauen im Orient im Hintergrund bleiben, wenn Männer, vor allem fremde Männer, anwesend sind. Zwar wird generell der Tatbestand des Ehebruchs gemieden und als Sünde wahrgenommen, doch der Ehebruch des Mannes wird kaum sanktioniert. Anders als die Frau unterliegt der Mann in Kurdistan keiner Schranke. Gleichwohl unterliegt er wegen seiner allgemein wirtschaftlichen Abhängigkeit feudalen, regionalen und sonstigen traditionellen Einschränkungen.

Die Êzîdin nimmt mit Männern zusammen an allen kultischen Handlungen teil. Ihre Stellung im Alltag ist offenbar nicht so reglementiert und unterprivilegiert wie die sehr schwache Stellung der Muslimin im Koran[279]. Die Êzîdin wirkt bei allen Zeremonien und Feierlichkeiten wie der Mann mit. Bestimmte êzîdische Frauen der Würdenträgerschicht übernehmen die geistliche Betreuung ihrer „Klientel". Doch im Alltag werden êzîdische Männer, die Anweisungen ihrer Ehefrauen befolgen, in der Regel nicht ernstgenommen. Von der orientalischen, auch êzîdischen Frau wird erwartet, dass sie sich fügt. Eine êzîdische Frau, die ihrem Verlobten übergeben wird, erhält von der Mutter den Rat, sich der neuen Familie, also den Schwiegereltern zu fügen. Der Mann kann mehrere Frauen heiraten, die Frau jedoch nicht mehrere Männer. Es ist aber richtig, dass die faktische Benachteiligung der Êzîdin mit êzîdischen Texten nicht begründet werden kann. Zwar behauptet ein êzîdischer Autor, dass der Verzehr der von Frauen geschlachteten Tiere den êzîdischen Männern nicht erlaubt sei[280]. Er übersieht jedoch, dass dem êzîdischen Mann weder religiös noch traditionell verboten ist, Tiere zu

---

[279] Celalettin Kartal: Islamische Gottesrechte versus säkulare Menschenrechte, 2014, S. 18 ff.
[280] Kemal Tolan 2006, S. 228.

verzehren, die von Frauen geschlachtet werden. Anders als bei der Muslimin kommt bei der Êzîdin nicht selten vor, dass sie vor allem in Abwesenheit der Männer Kleintiere wie z. B. Hühner schlachtet, die von Männern verzehrt oder mit verzehrt werden. Allerdings muss die Êzîdin, dem orientalischen Brauch folgend, in Kurdistan Jungfrau sein, wenn sie die Ehe eingeht. Dieser Brauch wird in Kurdistan nach wie vor streng eingehalten. Richtig ist aber auch, dass ein Êzîde in Europa anders als die Êzîdin von der êzîdischen Gemeinschaft wesentlich weniger zu befürchten hat, falls er mit einer Nicht-Êzîdin eine Beziehung eingeht.

Es steht fest, dass die Êzîdin auch in Deutschland im Gegensatz zum Mann erheblichen Nachteilen ausgesetzt ist. Sieht man von den vielen faktischen Benachteiligungen einmal ab, denen die Êzîdin vor allem in Kurdistan ausgesetzt ist, so hat sie auf der theologischen Ebene eine wesentlich bessere Stellung als die Christin oder Muslimin. Ein kurzer Blick in die Bibel genügt, um die Diskriminierung der Christin festzustellen. So ist nach der Bibel der Mann das Abbild Gottes und spiegelt die Herrlichkeit Gottes wider. In der Frau spiegelt sich nur die Würde des Mannes wider und nicht mehr. Die Frau ist für den Mann geschaffen und nicht umgekehrt (1 Kor 11:7-9). Mithin müssen sich die Frauen ihren Ehemännern in allen Bereichen fügen (Eph 5:24). Klar ist jedoch, dass die Bibel und ihre vielen Schranken in weiten Teilen der Welt durch die Realität überholt sind.

Wichtig ist zu wissen, dass anders als im Nahen Osten der Êzîdin kaum Schranken in Deutschland auferlegt sind. Ungewollte Schwangerschaften können von ihr kontrolliert oder abgebrochen werden. Sie trägt ihre Haare offen und kleidet sich europäisch. Hingegen trägt eine „traditionelle Êzîdin" weder Männerhosen noch lässt sie ihre Haare frisieren[281]. Während die Muslimin traditionell ein „Kopftuch", sehr oft auch Vollschleier trägt, ist die Êzîdin allerdings unverschleiert. Anders als für die Muslimin[282] gibt es keine êzîdischen Texte, die Schläge gegen die Êzîdin rechtfertigen. Der Muslimin ist nicht erlaubt, ein Scheidungsverfahren einzuleiten, der Êzîdin schon. Nicht selten werden Scheidungsverfahren in Deutschland von êzîdischen Frauen eingeleitet.

In Deutschland hat die Zahl der bei allen Kurden beliebten Kusinen-Ehen, bei denen die Frauen mehr benachteiligt waren, nachgelassen. Nahezu alle êzîdische Normen, Bräuche und Tabus sind in Deutschland ins Wanken geraten. Die meisten Êzîden, vor allem die êzîdische Jugend, richten sich nach deutsch-europäischen Normen. Viele êzîdische Schulkinder nehmen am christlichen Religionsunterricht teil. Auch der Ein-

---

[281] Philip G. Kreyenbroek 2009, S. 26, S. 101.
[282] Vgl. Koran, Sure 4, Vers 34.

fluss der Großfamilien hat bei den Êzîden wesentlich nachgelassen. Die meisten êzîdischen Frauen können sich heute auch dem Einfluss ihrer Ehemänner und Familien entziehen. Insbesondere gebildete Frauen wollen ihre säkularen Rechte und Pflichten wahrnehmen sowie ihre Fähigkeiten und Talente entwickeln. Infolgedessen verlieren die meisten religiösen Normen und Bräuche der Êzîden ihren ursprünglichen Sinn und ihre Geltungskraft. In Deutschland, der neuen Heimat der Êzîden, verändert sich das Êzîdentum komplett und definiert sich neu. Dies gilt ebenfalls für seine Normen, Philosophie und Ethik.

Êzîdentum und seine Praxis in Deutschland

1. Der „vorgeschriebene Respekt"

Die Migration führt dazu, dass sich Bräuche, Rituale und ihre Inhalte zum Teil grundlegend und unumkehrbar ändern. Eine kleine Gemeinschaft, deren Angehörige nicht oder nicht mehr in der Lage sind, ihre religiösen und traditionellen Werte und deren Inhalte an ihre Kinder weiterzugeben, muss jedoch um ihre religiöse Existenz fürchten. Das gilt erst recht, wenn sich die Gemeinschaft und ihre Angehörigen in der Migration befinden und die erfolgten Veränderungen zahlreich, nicht mehr gesteuert und auch nicht mehr rückgängig gemacht werden können. Ist das schon bei Êzîden in Deutschland der Fall?

Die meisten Würdenträger in Deutschland können aus verschiedenen Gründen ihre herkömmlichen religiösen Aufgaben nicht oder nicht mehr wahrnehmen. Darüber hinaus hat sich die Einstellung ihrer Klientel erheblich geändert: Sie vertraut sich in religiösen Fragen nur selten ihren Würdenträgern an. Ältere Êzîden der ersten Generation beklagen sich ständig über ein Nachlassen des Respekts. Es findet ein steter „Werteverlust und -wandel" statt.

Die êzîdischen Texte messen dem Grundsatz des Respekts gegenüber Älteren und vor allem den eigenen Eltern eine zentrale Relevanz bei. Danach haben die Kinder ihre Eltern zu respektieren und ihnen zu „gehorchen". Den eigenen Eltern keinen Respekt zu zollen oder ihnen zu widersprechen, gilt als Sünde. Kinder haben aufzustehen, wenn die eigenen Eltern, vor allem der Vater, die Respektsperson, erscheint. Grundsätzlich stellt der Vater auch die Autorität innerhalb der Familie dar. Entscheidungen müssen von den eigenen Eltern abgesegnet werden. Doch seit Jahrzehnten hat sich auch dies bei den Êzîden in Deutschland wesentlich geändert: Die meisten Êzîden, vor allem die in Deutschland geborenen oder aufgewachsenen Êzîden, wollen nichts von Loyalität und Respekt wissen. Viele Eltern, vor allem solche der ersten Generation, sind in Deutschland von ihren Kindern abhängig geworden. Diese Tatsache beeinträchtigt zutiefst das Zusammenleben zwischen den Eltern und ihren Kindern. Der eingetretene Wertewandel hat zumeist die Familien und ihre Kinder entzweit[283]. Es versteht sich fast von selbst, dass vor allem die erste Generation damit hoffnungslos überfordert ist.

2. Die religiösen Würdenträger

Auch die Stellung und Funktion der religiösen Würdenträger hat bei den deutschen Êzîden eine wesentliche Änderung erfahren. Somit lässt sich von einem religiösen Vakuum in der êzîdischen Gemeinschaft in Deutschland sprechen. Die „Illoyalität gegenüber den Kasten der religiösen Würdenträger" ist in erster Linie der besonderen Situation in der Wahlheimat geschuldet. Warum?

Man könnte einige êzîdische Würdenträger als „Meister der schönen Worte" oder als „êzîdische Rhetoriker" beschreiben, deren Worte in Kurdistan zumeist Gewicht hatten. Innerhalb von nur zwei Jahrzehnten hat die Kaste der Laien die Kasten der erblichen Würdenträger weitgehend abgelöst. Religiöse Würdenträger haben ihre Rolle und religiöse Funktion eingebüßt. Den alten in der Heimat gewohnten Respekt können sie nicht mehr erwarten. Die ihnen von der Klientel gewährte Abgabe (*fito*) ist in den meisten Fällen zu gering, zu unattraktiv und wird nicht immer geleistet: In Kurdistan stellten Respekt und Loyalität gegenüber den Würdenträgern eine tragende Säule der êzîdischen Gemeinschaft dar. Die Betreuung durch die religiösen Würdenträger ist „faktisch zusammengebrochen": Die meisten Würdenträger können ihre Klientel religiös nicht mehr betreuen, ebenso wenig können sie in Konfliktfällen schlichten noch religiöse Aufklärung leisten. Sie leben zumeist nicht mehr in den einzelnen Gemeinden. Zudem ist für die Würdenträger und ihre Klientel nachteilig, dass sie sich meistens mit religiösen Überlieferungen nicht auskennen. Allerdings werden die meisten Würdenträger diesem Anspruch auch in Kurdistan nicht gerecht. Dort fällt jedoch ihr mangelndes religiöses Wissen wegen der religiösen Unaufgeklärtheit der Êzîden im Allgemeinen und der hohen Analphasenrate unter ihnen nicht auf. In Deutschland ist die Würdenträgerschaft mit

---

[283] Celalettin Kartal: Êzdiyên li Almanyayê dema wûndabûna nirxên xwe dijîn (siehe Literaturteil).

einer geschulten und säkular eingestellten Jugend konfrontiert, die die religiösen Würdenträger und ihre Funktion kritisch hinterfragt.

Ein Laie in Kurdistan hatte aufzustehen, wenn ein Würdenträger erschien. Er musste ihm seinen Platz anbieten und ihm die Hand küssen, um so seinen Respekt ihm gegenüber zu erweisen. Besonders geschätzt wurde der „êzîdische Asket", der *Faqîr*. Er wurde wegen seiner besonderen Frömmigkeit und der asketischen Lebensweise sehr geschätzt. Um diesem Ruf und dieser Funktion gerecht zu werden, musste er sich von den internen Konflikten der Gemeinschaft fern halten.

3. Die „Heiratsvorschriften"

Im deutschen Êzîdentum ist es weiterhin Brauch, die Kastenordnung zu praktizieren. Ebenso aber wird sie verdammt. So werden in der Gegenwart die strikten Heiratsvorschriften, die mit der Kastenordnung zusammenhängen, vor allem von deutschen Êzîden als Hindernis angesehen. Historisch gesehen wurde die Kastenordnung entweder im 12. Jahrhundert ergänzt oder komplett neu eingeführt.

Der Kastenordnung nach dürfen die Angehörigen jeder Schicht bzw. Kaste nur untereinander heiraten. Insbesondere einige Abstammungslinien der vielen *pîr*-Gruppen (*pîrs* sind religiöse Würdenträger) sind seit Jahrzehnten vom Aussterben bedroht. Die Partnerwahl unter diesen Gruppen beschränkt sich auf einen sehr kleinen Kreis von möglichen Ehepartnern[284]. Wie im Kapitel „Die Kastenordnung" näher dargelegt, schränkt die „Kastenordnung" die Wahl eines passenden Ehepartners ein. Einzelne deutsche Êzîden, die ihren Partner nicht in ihrer Kaste finden, sehen sich gezwungen, die Verbindung mit ihren Familien und der êzîdischen Gemeinschaft abzubrechen.

Die Einschränkungen der Partnerwahl sind gravierend und können zu einer Schrumpfung der ohnehin kleinen êzîdischen Gemeinschaft in Deutschland führen. Noch kleiner sind die vielen Gruppen der religiösen Würdenträger. Die Praxis dieser Heiratseinschränkungen führt vielfach zu sozialen Zwängen[285]. Doch einen Menschen zwingen heißt, ihn seiner „unschätzbaren Freiheit" zu berauben. Vielfach kommt es aber zu einem Abbruch der Beziehungen zu der eigenen Familie oder der êzîdischen Gemeinschaft insgesamt. Tritt ein Abbruch ein, so wird er nicht von der

---

[284] Chaukeddin Issa 2003, S. 10.
[285] Celalettin Kartal 2007, S. 250

Gemeinschaft beschlossen, sondern die Angehörigen schließen sich selbst aus. Die Êzîden in Deutschland sind nicht befugt, einen Êzîden, auch nicht einen sog. Abweichler, aus ihren Reihen auszuschließen.

4. Der Jenseitsbruder

Der Jenseitsbruder stellt eine religiöse Norm dar, die jedoch ihre Praxis und Relevanz zunehmend verwirkt. Man kann ihn als Ratgeber in allen Fragen und als Geheimnisträger in allen Lebenslagen verstehen, der moralischen und religiösen Beistand leistet. Jeder Êzîde kann sich ab dem 18. Lebensjahr[286], spätestens vor dem Tod, einen Jenseitsbruder auswählen. Er muss ihn aber aus der Reihe der Würdenträger auswählen. Wenn er dieser Pflicht zu Lebzeiten selbst nicht nachkommt oder nachkommen kann, wird gleich nach dem Tod für ihn ein Jenseitsbruder von seinen Angehörigen bestimmt. Der Sterbende hat auch die Möglichkeit sich, noch am Sterbebett einen Jenseitsbruder auszusuchen. Grundsätzlich darf dieser zu Lebzeiten nicht gewechselt werden. Während viele Êzîden aus dem Irak einen Jenseitsbruder haben, ist dies bei den Êzîden aus der Türkei eher selten der Fall. Prinzipiell wird die Institution Jenseitsbruder in Deutschland kaum praktiziert. Wahrscheinlich wird er in naher Zukunft der Vergangenheit angehören.

5. Tabus und Speiseverbote

Lange Zeit galt bei den Êzîden, auch bei deutschen Êzîden, der Oberlippenbart (*simbêl*) als Erkennungssymbol. Êzîdische Männer erkennt man an ihren langen, meistens gut gepflegten Schnurbärten, hieß es. Der Schnurbart wurde als Zeichen der „Ehre" und der besonderen Männlichkeit verstanden. Im Êzîdentum gelten noch andere Symbole als Zeichen der besonderen Frömmigkeit. So müssen bestimmte religiöse Würdenträger[287] einen Vollbart tragen[288]. In Deutschland gibt es aber viele Êzîden, die diesen Brauch für veraltet halten und nicht oder kaum mehr praktizieren.

---

[286] Philip G. Kreyenbroek (1995) zufolge muss jeder Êzîde seinen Jenseitsbruder entweder in der oder nach der Zeit der Pubertät auswählen, S. 136.
[287] Gemeint sind *faqîrs*, *Bavê Sheikh* (*Extiyarê Mergehê*) und der *mîr*, das Oberhaupt der Êzîden (siehe Glossar).
[288] Êzdaname I, S. 188.

Es ist der Respekt vor der Allmacht Gottes[289] und der Mutter Natur, weswegen Êzîden blaue Kleider meiden. Früher wurden von Êzîden kurzärmlige Hemden sowie durchsichtige Frauenkleidung ebenso gemieden. Hingegen werden Weiß, Rot, Gelb und Grün bevorzugt getragen[290]. Diese und andere Tabus werden bei den Êzîden in Deutschland nicht oder nur selten eingehalten. Auch in Kurdistan werden diese Normen nicht mehr streng eingehalten.

Das Êzîdentum hat eine eigene Farbenlehre: Farben gelten als Symbolisierung der Natur. Für Êzîden symbolisiert Blau den Himmel, Weiß die Reinheit bzw. Reinheit im Glauben. Rot, Gelb und Grün symbolisieren den Ruhetag (Mittwoch), an dem der Chefengel von Gott geschaffen wurde. Der Mittwoch symbolisiert aber auch den Frühlingsbeginn und ist überhaupt der wichtigste Tag bei den Êzîden. Selbst der erste Mensch, Adam, ist nach êzîdischer Lehre an einem Mittwoch geschaffen worden.

Die Êzîden feiern keine Hochzeiten im April. Sie nennen den April respektvoll die „Braut des Jahres".

Anfänglich haben die Êzîden in Deutschland auch Schweinefleisch gemieden. Inzwischen wird Schweinefleisch gegessen, wenn auch nicht bevorzugt. Anders als im Islam gelten im Êzîdentum „Schweine als gewöhnliche Geschöpfe"[291], die dem Sonnenengel *Shems* jeden Morgen huldigen[292]. Das Tabu des Verzehrs von Schweinefleisch könnte aber auch aus gesundheitlichen Gründen entstanden sein. Einige der Tabus wie z.B. der Verzehr von Hahnfleisch, die sich nur an bestimmte Êzîden, die der *Amadîn*-Linie, richten, werden in Deutschland nicht mehr praktiziert.

6. Der Umgang mit Abweichlern

Der Umgang mit „Abweichlern" gilt in allen Religionen als Maßstab für Toleranz und Friedfertigkeit. So ist der Apostat im Islam nach dem Brauch des Propheten mit dem Tode zu bestrafen. In vielen Islamischen Staaten, die sich nach der Scharia richten, kann der bekundete „Abfall vom islamischen Glauben" (Apostasie) umfassende Konsequenzen ha-

---

[289] Pîr Dîma, Istanbul 2011, S. 28.
[290] Kemal Tolan, S. 140.
[291] Hymne von Şêx Erebegê Entûşî.
[292] Nachweis bei Philip G. Kreyenbroek 1995, S. 277.

ben. In der römisch-katholischen Kirche wurde früher der Tatbestand der Apostasie mit der Exkommunikation geahndet. Im zaristischen Russland stand auf dem Austritt aus dem orthodoxen Christentum die Todesstrafe.

Das Êzîdentum kennt den Tatbestand der Apostasie nicht. Das Töten von Menschen gilt als schwerste Sünde. Folglich ist jedes Töten von Menschen eine „absolute Sünde". Es soll jedoch in den letzten Jahrzehnten in einigen wenigen Fällen zur Bestrafung von „Abweichlern" unter Êzîden in Deutschland gekommen sein. Mit Abweichlern sind Êzîden gemeint, die mit Nicht-Êzîden ein eheähnliches oder ein Eheverhältnis eingegangen sind. Sanktioniert werden Frauen, die mit Nicht-Êzîden Ehen eingegangen sind oder partnerschaftliche Beziehungen unterhalten.

Die êzîdischen Texte enthalten keine Hinweise auf Sanktionen gegen „Abweichler" aus den eigenen Reihen. Zwar ist die Eheschließung traditionell innerêzîdisch vorgesehen, doch in der Praxis und vor allem in Deutschland ist jedem Êzîden mehr oder weniger freigestellt, sich für einen Êzîden oder Nicht-Êzîden als Partner zu entscheiden. Ein Ausschluss aus der Gemeinschaft kann nur durch *Babê Sheikh* bzw. den Religionsrat der Êzîden im Irak erfolgen[293]. Bisher sind keine Ausschlussfälle bekannt. In einigen wenigen Fällen führte die Beziehung zwischen êzîdischen Frauen und muslimischen Männern im Irak und in Syrien zum Tod der betroffenen Frauen[294]. Die wenigen bekannten Fälle der „Bestrafung mit dem Tod" der êzîdischen Frau in den ursprünglichen Herkunftsländern sind von der offiziellen Führung der Êzîden und dem Hohen Religionsrat der Êzîden im Irak entschieden verurteilt worden. Das Êzîdentum kennt in seinen textlichen Grundlagen keine Bestrafung mit dem Tod.

---

[293] Philip G. Kreyenboeks (1995, S. 126) Angabe, wonach der *mîr* der Êzîden die Macht hat, einen Êzîden nach Gutdünken aus der Gemeinschaft auszuschließen, lässt sich nicht bestätigen, Verf.

[294] Philip G. Kreyenbroeck 2009, S. 40, 55 f.

Êzîdentum und seine Tradition

Es ist das Gesetz der (zum Teil grausamen) Tradition, die die Weitergabe von Handlungsmustern, Überzeugungen sowie Glaubensvorstellungen ermöglicht. Auch Gepflogenheiten, Konventionen, Bräuche oder Sitten können darunter fallen. Als Religionen werden die Phänomene bezeichnet, die menschliches Verhalten wie z. B. Handeln, Denken, Fühlen und Wertvorstellungen beeinflussen bzw. prägen. Eine allgemein anerkannte Definition des Begriffs Religion existiert nicht.

Die liberal und säkular eingestellte, neue deutsch-êzîdische Intelligenz sucht nach Wegen und Möglichkeiten, das wohl Unmögliche möglich zu machen und zwischen Religion und Tradition zu unterscheiden. Angestrebt ist, die Religion, soweit möglich, in der Wahlheimat Deutschland und seiner säkularen Gesellschaft zu erhalten, aber die Tradition abzulegen. Dies ist sicher ein hehres Ziel, dessen Durchdenken und Umsetzung jedoch alles andere als einfach sein dürfte. *Lauffrey Nabo*, ein in Deutschland lebender Êzîde, der aus dem Irak stammt, spricht von einer Unterwanderung der religiösen Tradition der Êzîden. Eine Tradition, die zu Irrungen und Wirrungen geführt habe[295].

Die meisten Êzîden und ihre Angehörigen sind von den patriarchalischen Verhältnissen des islamischen Orients geprägt worden. *Telim Tolan*, der Vorsitzende des Zentralrats der Êzîden in Deutschland e. V., behauptet, dass es kaum noch Unterschiede zwischen der Mehrheitsgesellschaft und den Êzîden gäbe[296]. Diese Behauptung mag zwar noch gewagt erscheinen, aber sie macht deutlich, dass schon umfassende und große Veränderungen bei den Êzîden in Deutschland erfolgt sind. Insbesondere die noch darzulegenden Veränderungen in der Stellung der Frau sind umfassend und unumkehrbar. Insofern können Rolle und Stellung der Frau als Sinnbild für die vielen Veränderungen bezeichnet werden, die die êzîdische Gemeinschaft in Deutschland durchlebt[297].

Diesen Status hat die Êzîdin in Deutschland der Bildung zu verdanken. Es ist die Frau, die von dem rapiden Wandel der „êzîdischen Einstellung" in der Geschlechterrolle profitiert. Die studierte Êzîdin über-

---

[295] Lauffrey Nabo: Die Bedrohung der Êzîden durch Selbstzerstörung oder die Anstrengung für eine Identitätsfindung.
[296] Z. B. Telim Tolan: Die Êzîden in Deutschland – Religion und Leben.
[297] So Philip G. Kreyenbroeck 2009, S. 47.

trifft seit einem Jahrzehnt den Êzîden[298]. Die Êzîden insgesamt profitieren von der Bildung, weil sie im islamischen Orient fast vollständig isoliert und krass benachteiligt waren.

1. Die orientalische Jungfräulichkeit

Weltweit ist Ehre ein autonomer Wert und wird unterschiedlich definiert: Sie dient als Mittel für die traditionelle Kontrolle und die spezifische Pression über Frauen sowie ihre Sexualität. Ehre ist nicht nur im Êzîdentum wichtig, sondern ein zentraler Begriff im ganzen Orient[299]: Der „Ruf der Frau" ist zu wahren, vor allem in Bezug auf ihr sexuelles Verhalten[300]. Von diesem Ruf ist die Ehre des Mannes abhängig. Ein êzîdischer Kurde hat die Ehre seiner Familie, seines Stammes sowie die „Keuschheit der Frauen" zu verteidigen. Dies gilt auch dann, wenn die eigenen Angehörigen oder ihre Besitztümer dadurch in Gefahr geraten[301]. Der Kurde leidet psychisch am Verlust seiner Ehre, wenn er seine Ehre oder die seines Stammes nicht zu verteidigen vermag.

Wichtig ist zu wissen, dass die orientalische Keuschheit keine religiöse Regel ist. Sie ist nur der Tradition geschuldet. Sie wird mit der Ehre und nicht selten auch mit der Reinheit in Verbindung gebracht. Genau genommen ist sie ein Relikt aus alten Zeiten, das im ganzen Orient verbreitet ist. Eine einmal „entjungferte Êzîdin" hat es wesentlich schwerer, wieder einen Mann ihrer Wahl unter Êzîden zu finden. Eine Êzîdin, die nicht als Jungfrau die Ehe eingeht (oder: in die Ehe geht), kann bereits nach der ersten Nacht zurückgewiesen werden, was jedoch in der Praxis kaum vorkommt. Wie alle Werte hat auch dieser Brauch seinen alten Stellenwert bei den Êzîden in Deutschland eingebüßt. Dennoch wird er bislang weitgehend eingehalten. Nach einer Befragung von *Anikó Schulz* betrachten 47% der Êzîden die Jungfräulichkeit nicht als Symbol der Ehre. 73 % würden das Zusammenleben vor der Ehe akzeptieren[302]. Fast die Hälfte der deutschen Êzîden will seine Ehepartnerin auch dann behalten, wenn sie vor dem ersten Geschlechtsverkehr

---

[298] Johannes Düchting, in: Zeitschrift der Ezidischen Akademie, Ausgabe 5 August 2010, S. 15 ff.
[299] International Free Women´s Foundation 2007, S. 98.
[300] Christine Schirrmacher: Ehrenmorde - ein verbreitetes Phänomen.
[301] Namus, in: http://de.wikipedia.org/wiki/Namus.
[302] Anikó Schulz: Die besonderen traditionellen Regeln der Partnerwahl der Êzîden und deren Auswirkungen auf die Integration, 2009, S. 106 f.

mit ihm nicht mehr Jungfrau war. Insofern hat ein erfolgreicher Umdenkungsprozess stattgefunden.

1. Der „êzîdische Brautpreis"

Bei den Hirtenvölkern im afrikanischen Kenia muss jeder junge Mann, der heiraten will, viel Vieh an die Familie der Braut übergeben. Hat er nicht genügend Tiere, so geht er oft der Viehdieberei nach. Dieses Vergehen kann in einigen Fällen auch tödlich enden.

Auch Êzîden haben den Brautpreis früher vielfach in Naturalien entrichtet. Der Brautpreis hat seit den 1990er Jahren eine heftige Kontroverse innerhalb der deutschen Êzîden ausgelöst, vor allem deswegen, weil er innerhalb der Gemeinschaft zu erheblichen Konflikten und Disharmonie führt. Seine Entrichtung ist wie die Keuschheitsregel der Tradition geschuldet, nicht der Religion. Er wird von den Eltern des Bräutigams gezahlt. Es gibt jedoch Eheschließungen, für die kein Braut-preis vereinbart wird. Doch während bei den Êzîden früher viele Kinder auch schon im Kindesalter einander versprochen wurden, kommt dies in Deutschland nicht mehr vor.

Die êzîdische Jugend in Deutschland lehnt den Brautpreis entschieden ab: Sie macht den Brautpreis fordernden Eltern den Vorwurf, mit ihren Töchtern Vieh- bzw. „Warenhandel" zu treiben. In der Tat hat der Brautpreis vielfach fast „astronomische Summen" erreicht. Ein Êzîde, der den Brautpreis nicht zu entrichten vermag, kann kaum eine Ehe eingehen. In Kurdistan war der Brautpreis nicht so unerschwinglich wie in Deutschland. Die Êzîden im Irak entrichten 75 Gramm reines Gold[303]. Er wird vielfach auch dort als Last empfunden. In Deutschland werden in einigen Fällen Beträge zwischen 40 000 und 80 000 Euro gefordert. Das Oberhaupt der Êzîden (*mîr*) hat den erhöhten Brautpreis abermals als Sünde erklärt, wenn auch vergeblich.

Bei dem Aushandeln des Brautpreises entstehen nicht selten tragische soziale Konflikte: Häufig müssen Schlichter geholt werden. Beziehungen, die vorher von Harmonie und Solidarität geprägt waren, werden beeinträchtigt oder zerstört[304]. Die Brautleute sind mit der Angst konfrontiert. Nicht selten geraten die Brautleute in Loyalitätskonflikte zu ihren Eltern. Es geht von dem Brautpreis ein essentieller sozialer Druck

---

[303] Interview mit Mîr Tahsin Beg, in: Lanliş-Dialog 2/2013, S. 12.
[304] Şefik Tagay: Êzîden in Deutschland, S. 1-8

aus. Auch die deutschen Gerichte haben sich mit dem êzîdischen Brautpreis beschäftigt. Eine eingereichte Klage (1/2011) auf Rückzahlung des Brautpreises wurde wegen Sittenwidrigkeit vom Oberlandesgericht Hamm abgelehnt. Die êzîdischen Vereine sind gegen die Vereinbarung und Zahlung eines Brautpreises. Einzelne Familien entrichten seit einigen Jahren keinen Brautpreis mehr.

2. Arrangierte Ehen

Auch wenn nicht häufig darüber berichtet wird, so kommen Zwangsehen oder „arrangierte Ehen" überall in der Welt vor. Bei den Êzîden in Deutschland gehören sie, besonders in den letzten Jahren, eher zu den Ausnahmen.

Vor allem die Vermählung von Minderjährigen gilt als Zwangsheirat. In den meisten Fällen sind Mädchen und Frauen betroffen [305]. Durch Zwangsehen können bestimmte Menschen- und Freiheitsrechte wesentlich beeinträchtigt werden. Auch arrangierte Ehen werden zu den Fällen der Zwangsheirat gezählt. Von den arrangierten bzw. Zwangs-ehen sind vor allem Jugendliche, die noch nicht im Berufsleben stehen, betroffen. Ihre ökonomische Abhängigkeit führt vielfach zur Eheschließung [306]. Auch Männer können von der Zwangsheirat oder arrangierten Ehe betroffen sein, wenn auch seltener als Frauen. Doch Zwangsehen, genötigte Eheschließungen oder arrangierte Ehen sind kein spezifisch êzîdisches Problem, sie sind kultur- und zum Teil regionsbedingt.

Prinzipiell werden alle jungen Paare, die von ihren Eltern unter Druck gesetzt werden, von den êzîdischen Vereinen unterstützt, um eine Zwangsheirat zu umgehen. Die Führung der Êzîden hat wiederholt erklärt, Jugendliche sollten nicht gegen ihren Willen verheiratet werden[307]. Vielfach befinden sich die Betroffenen in einem Gewissenskonflikt gegenüber ihren Eltern. Die Êzîden in Deutschland heiraten aber nicht mehr so jung, wie dies noch vor 1990 der Fall war. Auch die Scheidungsrate hat sich zum Teil der Rate der deutschen Bevölkerung angenähert. Viele Jugendliche können sich dem stark schwindenden Einfluss ihrer Eltern, Familien und Großfamilien entziehen. Auch die êzîdische Einstellung zu Zwangsehen hat sich im Vergleich zu Kurdistan

---

[305] Frankfurter Rundschau vom 10.11.2011, S. 2.
[306] Die ökonomischen Kosten dieser Form der Eheschließungen werden von den Eltern getragen, Verf.
[307] Johannes Düchting, 2004, S. 581.

wesentlich geändert. Es wird zunehmend weniger Druck auf Jugendliche ausgeübt[308].

3. Eheschließungen

Nach der islamischen Scharia kann ein Ehevertrag leicht aufgelöst werden. Bei den Katholiken ist die Ehe unauflöslich. Sich der Fortpflanzung zu verweigern gilt nach klassischer Lehre als Sünde. Der Heirat kommt eine Schlüsselbedeutung zu[309]. Bei den Êzîden ist die Eheschließung ähnlich wie bei den Juden eine Fundamentalnorm. Erst mit der Heirat wird der Êzîde zu den Vollmitgliedern seiner Familie und der Gemeinschaft gezählt. Niemand soll freiwillig unverheiratet bleiben. Die Eheleute werden auf den Ernstfall der Heirat hingewiesen. Beide werden über die Bedeutung der Ehe aufgeklärt. Die Ehe ist kein „Modekleid, sondern eine Bindung fürs ganze Leben", deswegen werden Ehescheidungen möglichst gemieden. Ehepaare, die sich unbedingt scheiden lassen wollen, müssen religiöse Würdenträger und die Älteren einbeziehen. Kann eine Scheidung doch nicht ausgesprochen werden, dann werden drei Zeugen benötigt, um eine Scheidung zu erwirken. In Kurdistan kamen Scheidungen so gut wie gar nicht vor bzw. waren die Ausnahme. Gerichtliche Scheidungsverfahren wurden nicht eingeleitet oder waren so gut wie unbekannt. Ehen wurden erst nach Jahren, wenn überhaupt, behördlich registriert. In Deutschland hat sich die Situation grundlegend geändert. Hier schließen die Êzîden zunehmend auch standesamtlich Ehen, was den Frauen zugutekommt.

4. Eheähnliche Gemeinschaften

Bei den Êzîden gehört das Gebären von „nichtehelichen Kindern" wie in vielen Gemeinschaften zu den streng gehüteten Tabus. Wahrscheinlich werden aber bei den deutschen Êzîden mehr nichteheliche Kinder geboren als bei den Êzîden in Kurdistan. Es ist in Deutschland um ein vielfaches leichter, einen Partner zu finden. Im Êzîdentum erlangt die Trauung erst Verbindlichkeit, wenn der religiöse Würdenträger die Brautleute einbezogen und sich von deren Einverständnis überzeugt hat.

---

[308] So ähnlich Ulrike Brinken (Hg.) 2010, S. 109.
[309] Anni Müller: Eine jüdische Hochzeit (siehe Literaturteil).

Die Brautleute werden gefragt, ob sie die Ehe eingehen wollen. Ehepaare können verheiratet sein und mehrere Kinder haben, ohne die Ehe amtlich bestätigt zu haben. In der Regel wird die Ehe erst eingetragen, wenn die Eheleute oder ein Teil von ihnen ins Ausland einwandern. Diese Form einer amtlich nicht bestätigten Eheschließung ist unter Êzîden in Deutschland in Veränderung begriffen.

Es gibt Êzîden, die verheiratet sind, einen Ehepartner aussuchen und mit ihm in eheähnlicher Gemeinschaft leben oder bei denen die „zweite Frau" mit der ersten Frau zusammenlebt. Diese Form von eheähnlichen Gemeinschaften ist bei Êzîden sehr konfliktreich. Sie ist mit erheblichen Nachteilen für Frauen verbunden. Der Grund dafür ist, dass die Männer sich generell von der ersten Frau nicht scheiden lassen. Diese Form der Eheschließung, findet nur in abgewandelter Form in Deutschland statt. Wahrscheinlich wird die Zahl der Eheschließungen zurückgehen, doch die Zahl der eheähnlichen Gemeinschaften („Ehe ohne Trauschein") wird zunehmen. Von diesen Verhältnissen macht der êzîdische Mann am meisten Gebrauch. Eine êzîdische Frau, die eine eheähnliche Beziehung mit einem verheirateten Mann eingeht, wird dadurch eher benachteiligt.

5. Scheidungsfälle

Die Scheidungsrate bei den Migranten in Deutschland nimmt Jahr für Jahr zu und gleicht sich bei einigen Gruppen der Rate der einheimischen Bevölkerung an. Seit 1990 nimmt die „Scheidungsrate" auch bei den Êzîden in Deutschland zu. Je mehr Scheidungen ausgesprochen werden, desto mehr nimmt der Individualismus bei den deutschen Êzîden zu. Die Betroffenen sind zumeist junge Paare, die vielfach auf Druck der Eltern geheiratet haben. Geschiedene Frauen werden zumeist von der êzîdischen Gemeinschaft gemieden bzw. erheblich benachteiligt. Es gibt viele Gründe, die zur Scheidung führen: Gewalt in der Ehe, Spielsucht und Kinderlosigkeit sind nur einige Gründe. Auch das Nichtgebären eines Sohnes kann zur Scheidung oder Trennung führen. Kinderlosigkeit verliert bei den deutschen Êzîden zunehmend an Bedeutung.

Die Einstellung der deutschen Êzîden

Es ist ein Kompliment für Deutschland und sein plural-säkulares Wertesystem, dass alle oder fast alle Êzîden von der Bundesrepublik als dem „Land der unbegrenzten Möglichkeiten" schwärmen. Warum?

Von den orientalischen Migrantengruppen identifizieren sich die Êzîden sowie die Aleviten am meisten mit den europäischen Mehrheitsgesellschaften und ihrem politisch-sozialen Wertesystem. So identifizieren sich die Êzîden mit westlichen Verfassungswerten wie Rechtsstaat, Sozialstaat und Säkularismus. Viele Êzîden haben Schikane, Willkür und Unterdrückung bzw. Verfolgung durch strenggläubige Muslime und „orientalische Behörden" erfahren. Die bisher dargelegte veränderte Einstellung der Êzîden kann hierfür als Indikator gelten.

Deutsche Êzîden engagieren sich seit einem Jahrzehnt in der Landes- und Kommunalpolitik. Sie wollen von den unvergleichlichen Vorzügen dieser Gesellschaft profitieren. Diese Gesellschaft hat den Êzîden prinzipiell Arbeit, Geborgenheit, Gesundheitsvorsorge, Wohlstand, Schutz und Freiheit ermöglicht. In der Türkei konnten sich Êzîden kaum im Bereich der Politik offiziell betätigen. Für Êzîden war es fast unmöglich, einen Hochschulabschluss zu erlangen. Inzwischen gibt es Hunderte von Êzîden, die über einen akademischen Abschluss verfügen. Das ist der Grund, warum deutsche Êzîden vor allem Dankbarkeit gegenüber Deutschland empfinden[310].

Insbesondere die Einstellung der Êzîden in der neuen Wahlheimat gegenüber der Bildung hat sich grundlegend geändert: In der Türkei galten die Schulen als „Orte der Konversion" zum Islam und waren sehr gefürchtet. Êzîden wollen durch Bildung aufsteigen und ihren Kindern die bestmögliche Schulbildung gewähren. In der Türkei gingen überwiegend êzîdische Jungen zur Schule. In Deutschland gehen sowohl Mädchen als auch Jungen zur Schule. Ein Êzîde, der in der Türkei studieren wollte, musste seine religiöse Identität verheimlichen. In Deutschland ist er durch garantierte Menschen- und Freiheitsrechte geschützt. In der Türkei war in den öffentlichen Schulen der islamische Religionsunterricht für alle Kinder verpflichtend. Êzîden mussten gegen ihren Willen daran teilnehmen und so ihre eigenen Vorschriften brechen. In Deutschland besteht kein Zwang zur Teilnahme am Religionsunterricht. Es herrscht eine verfassungsrechtlich gesicherte Religionsfreiheit. Auf diese Vorzüge weisen die Êzîden und ihre Vereine bei jeder Gelegenheit selbst hin.

---

[310] Anikó Schulz 2009, S. 105, 108.

Aus Furcht vor Zwangskonversionen, Schikanen, Erniedrigungen und Verfolgungen konnten die Êzîden in der Türkei in den Städten kaum einer Arbeit nachgehen. In der Türkei musste ein überwiegender Teil der Êzîden in ihren Ausweisen Islam eintragen lassen, um beim späteren Militärdienst nicht diskriminiert oder massiv benachteiligt zu werden. Ein solcher Zwang existiert für Êzîden in Deutschland nicht. Der Broschüre *Leitfaden Imam-Fortbildung 2011* zufolge sind von den ca. 4 Millionen Muslimen in Deutschland nur 45 % eingebürgert. Die Zahl der eingebürgerten Êzîden in Deutschland beträgt nach Schätzungen mehr als 80 %. Für Êzîden stellt der Erwerb der Staatsbürgerschaft kein psychologisches Hindernis dar. Deutsche Êzîden haben so gut wie kein gemeinsames Band mehr mit dem Staat Türkei, weil sie fast vollständig aus dem Land ausgereist sind. Êzîden sind stolz darauf, deutsche Staatsbürger zu sein, während andere Migrantengruppen wie z. B. muslimische Türken auf ihre türkische Abstammung verweisen oder auf ihre bisherige Staatsbürgerschaft nur ungern verzichten. Deutschland hat wohl allen verfolgten Êzîden aus der Türkei und zum Teil auch aus Syrien Asyl gewährt oder ein Bleiberecht eingeräumt.

Anders als viele Muslime unterscheiden sich die deutschen Êzîden kaum äußerlich von anderen Europäern. Die Êzîden in Deutschland sind von der Liberalität und den Lockerungen der europäischen Gesellschaften sehr angetan. Insbesondere der europäische Umgang zwischen Mann und Frau und die Praxis ehelicher und nicht-ehelicher Verbindungen über Standes- und Nationsgrenzen hinweg übt auf sie eine Faszination aus[311]. Die deutschen Êzîden sind durchgehend stolz darauf, säkular zu sein. Viele in Deutschland geborene, sozialisierte oder studierte Êzîden machen sich über ihre Religion und ihre Endogamievorschriften lustig. Insbesondere haben Êzîden die Möglichkeit der Kreativität und Pluralität schätzen gelernt[312]. Viele êzîdische Jugendliche sprechen in den Internetforen von „paradiesischen Zuständen", wenn sie von Deutschland reden. Die Êzîden in Deutschland wollen mit gewissen Abweichungen so leben wie die Mehrheit der Aufnahmegesellschaft[313].

Diese Einstellung der Êzîden ermöglicht es ihnen, sich mit den Werten der Aufnahmegesellschaft fast ohne Einschränkungen zu identifizieren. Diese Werte der „westlichen Welt" fehlen weitgehend in der Türkei und im Irak, woher die meisten Êzîden kommen, und schließlich nahezu vollständig in Syrien. Vor allem die Tatsache, dass in modern-säkularen

---

[311] So Johannes Düchting 2004, S. 580.
[312] Vgl. Andreas Ackermann: Êzîden in Deutschland – Von der Minderheit zur Diaspora, S. 12
[313] Anikó Schulz 2009, S. 112.

Gesellschaften Europas alle Menschen über den Bildungsweg aufsteigen können, wirkt sich als günstig für das Selbstbewusstsein der êzîdischen Frau in Deutschland aus. Dies bewirkt eine starke Identifikation mit den Verfassungswerten der Wahlheimat.

Deutsche Êzîden haben meistens einen Beruf erlernt. Êzîden in der Türkei waren, wenn überhaupt beschäftigt, fast alle im Ackerbau und in der Viehzucht tätig, die in den Dörfern geleistet werden konnten. Es handelte sich aber um leicht erlernbare Tätigkeiten, die zur Erhaltung des eigenen Haushalts oder zur Durchführung von Feldarbeiten benötigt wurden.

Für Êzîden in der Türkei war es aufgrund der Dominanz des Islam und des historisch erlittenen massiven Unrechts nicht üblich, mit ihren Nachbarn (z. B. Muslimen) offen über ihre Religion und deren Inhalte zu sprechen. In Deutschland haben die Êzîden nichts zu befürchten, wenn sie mit anderen Glaubensangehörigen einen Diskurs führen. Das europäische System weist somit für deutsche Êzîden und ihre Angehörigen große Vorzüge auf.

Religions- und Sprachunterricht in Deutschland

Der Mensch hat nur die Sprache zur Verfügung, obwohl auch sie alles andere als perfekt ist. Alle Systeme bzw. Ordnungen werden von Sprachen getragen, weil uns kein besseres Verständigungsmittel zur Verfügung steht. Somit ist die Sprache ein zentrales Medium der Kultur und Kulturpflege. Insbesondere muttersprachliche Kenntnisse ermöglichen eine differenzierte Sichtweise und Selbstdarstellung. Sie können als Ressourcen zum Erhalt der kulturellen bzw. religiösen Identität der Migranten und ihrer Kinder wesentlich beitragen. In der bisherigen Schulpraxis werden Mutter- bzw. Herkunftssprachen kaum bzw. nur unzureichend berücksichtigt. Diese Unterrichtsform wird nicht mit anderen Schulfächern gleichgesetzt. Von den Kindern wird sie als Last empfunden und ist unbeliebt. Hinzu kommt, dass bestimmte Migrantenkinder weniger Anerkennung erfahren als Kinder, die neben Deutsch noch Englisch, Französisch oder Spanisch erlernen. Dieser unterschiedliche Stellenwert von Sprachen führt zur Benachteiligung bestimmter Migrantengruppen und ihrer Kinder. Wie in jedem Nationalstaat der Welt tragen die Nachteile dieser „kurzsichtigen Schulpolitik" vor allem die Kinder der finanziell besonders schwach ausgestatteten Gruppen.

1. Sprache und Identität bei den Êzîden

Die ethnisch-religiöse Identitätsbildung einer Gemeinschaft ist gehemmt oder inkriminiert, wenn Kinder ihre Geschichte, Kultur und Religion kaum kennen.

Das moderne Êzîdentum in Deutschland ringt seit 1990 um eine allgemein gültige Definition. Die Entwicklung eines neuen Êzîdentums ist mit Händen zu greifen. Doch eine vollständige Reorganisation des Êzîdentums hat noch nicht stattgefunden. Religiös betrachtet leben die Êzîden in Deutschland in einer schwierigen Situation. Es besteht keine Notwendigkeit mehr für den einzelnen Êzîden, sich zum Êzîdentum zu bekennen oder die religiöse Zugehörigkeit zum Êzîdentum in einer intakten êzîdischen Gemeinschaft zu praktizieren. Welche Funktion kommt aber der Muttersprache zu?

Sprachen sind wie Brücken und machen die gemeinsame Identität der Individuen, Gemeinschaften bzw. Gruppen aus; sie fördern das „Solidaritätsgefühl" der Gemeinschaften und ihrer Angehörigen untereinander. Sie eröffnen die Möglichkeit, sich der jeweiligen kulturellen Wurzeln zu vergewissern. Zwar können Kultur und kulturelle Identitäten nicht einfach verloren gehen. Doch viele Kulturen und Identitäten sind verloren gegangen. Demgemäß sind für die Êzîden und ihre Angehörigen Kenntnisse der Muttersprache von grundlegender Bedeutung. Grund: Der Verlust der Sprache erschwert für den einzelnen Êzîden den Zugang zu den Mitgliedern der eigenen Gemeinschaft und ihren Überlieferungstexten. Im bisherigen Konzept des Êzîdentums sind Ethnie und Religionszugehörigkeit miteinander verbunden; sie bilden eine Einheit. Êzîdische Identität kann nicht losgelöst von der Geschichte und êzîdischen Texten, die in Kurdisch verfasst sind, verstanden werden.

Freilich lässt sich hiergegen einwenden, dass Identitäten weder notwendig eindimensional, noch allein zu betrachten sind. So ist die Identität, die das Individuum im Laufe seines Lebens entwickelt, niemals fest. Sie ist in Bewegung und verändert sich[314], erst recht in der Migration. Infolgedessen können Menschen ihre Identitäten ändern. Hinzu kommt, dass bei oralen Gemeinschaften wie den Êzîden sicher nicht immer wesentliche Teile der Vergangenheit präsent sind. Einzelne historische Aspekte

---

[314] Vgl. Dorle Drackle, in: Brigitta Schmidt-Lauber (Hg.): Ethnizität und Migration, Berlin 2007, (195-220) S. 199.

und Teile geraten in Vergessenheit oder verschmelzen mit neuen Elementen. Insbesondere im Êzîdentum dürften viele historische Daten in Vergessenheit geraten sein[315]. Gleichwohl ist jeder Êzîde, der des Kurdischen nicht mächtig ist, grundsätzlich vom Erlernen der oralen Überlieferungstexte abgeschnitten. Betroffen sind vor allem die deutschen Êzîden, weil sie sprachlich nicht mehr in der Lage sind, an den Texten teilzuhaben. Sie sprechen im Alltag und zu Hause Deutsch. Ihre Denk- und Arbeitssprache ist nicht mehr das Kurdische[316], sondern die Landessprache. Deutsch ist meistens die einzige Sprache, die sie fließend beherrschen und in der sie ihren Schriftverkehr führen. Hier liegt gleichzeitig die Tragik der êzîdischen Gemeinschaft in Deutschland. Grund: Nicht mehr Kurdisch können heißt auch, keine kulturellen Wurzeln mehr in der Herkunftskultur haben. Auch wenn die Kinder in den meisten Fällen ihre Eltern ungefähr verstehen können, versuchen sie – soweit wie möglich – das Kurdisch-Sprechen zu vermeiden[317]. Eine Identifikation über die Sprache ist nicht mehr möglich[318]. Die Betroffenen sind linguistisch assimiliert. Es ist aber kaum möglich, den fortgeschrittenen Assimilationsprozess rückgängig zu machen. Für diesen assimilierten Teil der deutschen Êzîden stellen sich prinzipiell gewisse Identitätsprobleme. Ein Großteil der Betroffenen hat kein oder nur ein geringes Interesse am Kurdischen. Die meisten konzentrieren sich auf die Sprache ihrer neuen Wahlheimat. Sie ist die Sprache, der sie ihren Werdegang und Wohlstand verdanken.

Zur Auflösung der Identität der Êzîden haben viele Faktoren beigetragen: Der fehlende Dialog in den einzelnen „êzîdischen Familien" beschleunigt die Assimilierung. Sehr viele Familien haben sich in ihren Strukturen aufgelöst. Der Unterschied zwischen der älteren und der jüngeren Generation besteht darin, dass sich die jüngere nicht mehr stark mit der Religion und ihren Inhalten identifiziert. Sie versteht meistens das Êzîdentum als eine Vielzahl von Verboten, die ihr von ihren Eltern bzw. ihrer Gemeinschaft diktiert werden. Eine emotionale Bindung an das Êzîdentum existiert nicht, auch nicht auf einem intellektuellen Level[319]. Junge Êzîden zeigen meistens kaum Verständnis für die im Êzîdentum geltende „Kultur des Schams". Letzteres erscheint ihnen sogar „scheinheilig" bzw. exotischer, als es einem durchschnittlichen Europäer

---

[315] Êzîden können detailliert Informationen aus der Vergangenheit wiedergeben, so Jan İlhan Kızılhan 2014, S. 158.
[316] Philip G. Kreyenbroek 2009, S. 45.
[317] Philip G. Kreyenbroek 2009, S. 45.
[318] Siehe im Internet unter „Celalettin Kartal: Der êzîdische Akademiker".
[319] Philip G. Kreyenbroek 2009, S. 231.

erscheinen mag. Allerdings wissen die meisten Jugendlichen wenig über ihre Religion. Ihre Eltern, meistens die erste Generation, hatten noch einen gewissen sprachlichen Zugang zu den religiösen Bräuchen in Kurdistan[320]. Die meisten Jugendlichen aber wollen von den Vorzügen der Mehrheitsgesellschaft profitieren und möglichst mehr daran teilhaben sowie primär auf Deutsch kommunizieren[321]. Es ist unwahrscheinlich, dass sich ein Êzîde, der weder seine Geschichte noch die mündlichen Überlieferungstexte noch die Sprache seiner Eltern kennt, mit dem Êzîdentum identifiziert.

Somit ist festzustellen, dass bei den deutschen Êzîden eine neue deutsche bzw. europäische Identität entstanden ist. Zu dieser Entfremdung von der eigenen Kultur oder der Kultur ihrer Herkunft tragen direkt oder indirekt negativ besetze Begriffe bei, die vielfach in den Medien über Kurden verbreitet wurden[322]. Werden die Êzîden in Deutschland ihre Muttersprache endgültig verlieren und sich vollständig assimilieren? Werden die deutschen Êzîden sich von den Êzîden ihrer Herkunft abkoppeln und einen anderen bzw. neuen Weg einschlagen? Welche Optionen bietet eine eventuelle Anerkennung der êzîdischen Identität in Deutschland und was kann sie bewirken?

2. Religion als identitätsstiftender Faktor

Das Feuer ist klein, der Rauch ist groß[323].

Deutsche Êzîden benötigen – wie alle anderen – des Überlebens wegen ein geeignetes Medium, um ihr kulturelles und geschichtliches Gedächtnis an ihre Kinder weiterzugeben. Einmal organisiert und eingeführt kann der Religionsunterricht für êzîdische Kinder in der Wahlheimat eine essentielle Orientierung bieten. Doch êzîdische Kinder, deren Eltern aus der Türkei, Syrien und Kaukasien stammen, kennen keinen regulären Religionsunterricht. Êzîden wissen vielfach etwas über einige ihrer „religiösen Erzählungen" und Klagelieder, aber es fehlt ein strukturiertes Wissen über wesentliche Elemente des Êzîdentums.[324] Der Mangel an

---

[320] Eszter Spät 2010, S. 100.
[321] Şefik Tagay im Interview mit Lalış Dialog, Lalış Dialog Ausgabe 1 – 1/2013, (12-13) S. 13.
[322] Özlem Aydin: Sprache und Identität von Minderheiten, Berlin 2003, S. 20.
[323] „*Agir biçûk e, dû bilind e*", kurdisches Sprichwort.
[324] Eszter Spät 2010, S. 28 f.

Religions- und Sprachunterricht in Deutschland fördert ebenso das Entfremden der Kinder von der eigenen Kultur und der Tradition.

Man könnte meinen, dass die neue Heimat zwar Wohlstand, Sicherheit und Frieden gebracht, aber auch eine „religionskritische Jugend" geschaffen hat. Allerdings darf nicht übersehen werden, dass die meisten Êzîden stolz sind auf ihre in der Wahlheimat sozialisierte Jugend. Es fällt jedoch den Eltern schwer, religiöse Inhalte der Tradition entsprechend weiterzugeben, weil sie ihre religiösen Wertorientierungen und Traditionen zum Teil selbst nicht ausleben konnten. Diese Situation ist nicht der Migration allein geschuldet, obgleich sie in der Migration besonders auffällig und virulent geworden ist. Im Falle der Êzîden kommt jedoch hinzu, dass sie im Gegensatz zu türkischen und arabischen Migrantengruppen keine finanzkräftige Lobby oder staatliche Akteure haben, die sie unterstützen. Es stellt sich daher grundsätzlich die Frage, warum andere Migrantengruppen Freunde und Förderer gefunden haben, Êzîden aber nicht? Die beiden großen Kirchen haben sich für Muslime nachhaltig eingesetzt. Vor allem Bund und Länder haben aktiv den Islamischen Religionsunterricht organisiert. Mehr als 100 Millionen Euro sind in den Religionsunterricht geflossen. Für den êzîdischen Religionsunterricht würde sogar anfänglich nur eine Million Euro ausreichen. Was aber hindert Bundesländer wie Niedersachsen, Nordrhein-Westfalen oder Hessen, Religionsunterricht für die deutschen Êzîden einzuführen? Muslime in Deutschland haben in keinem der Länder einen verfassungsrechtlich vorausgesetzten Gesprächspartner, trotzdem wurde für ihre Kinder Religionsunterricht eingeführt. Was fehlt ist also der politische Wille. Zugegeben der politische Islam ist ein Sicherheitsproblem, weil er die „kriegerische *Jihad*-Lehre" kennt und diese demonstrativ propagiert. Hat also jeder nur so viel Recht, wie er Macht und Gewalt verkörpert? Das ließe sich jedoch schwer mit dem Rechtsstaatgedanken in Einklang bringen. Gewiss, der Religionsunterricht für Êzîden würde keine deutsch-europäische Sicherheitsprobleme lösen. Aber er würde Vorurteile abbauen helfen und die ohnehin bestehende positive Haltung der Êzîden[325] zur „westlichen Kultur" weiter fördern. Idealistisch betrachtet könnte sogar das Êzîdentum als Glaubensgemeinschaft Werte wie Achtung, Liebe zur Natur, den gegenseitigen Respekt sowie Frieden weitergeben.

---

[325] Vgl. dazu Anikó Schulz 2009, S. 105.

3. Die Vernachlässigung des Kurdischen

Von der Gefährdung der sprachlichen und religiösen Identität einer Minderheit bzw. kleinen Gemeinschaft geht die Forschung dann aus, wenn die Mehrheit der Mitglieder weder ihre Muttersprache noch ihre Religion bzw. Tradition kennt. Die Bundesrepublik Deutschland gehört zu den Staaten, die das Erlernen von Zweitsprachen als Herkunftssprache ungleich fördert. Von dieser „ungleichen Förderung" der Zweitsprachen sind die deutschen Êzîden besonders betroffen. So sind türkische bzw. arabische Kinder bei der Versorgung mit Religions- und Sprachunterricht erheblich besser gestellt als die êzîdischen Kinder. Als Angehörige von Nationalstaaten gehören arabische und türkische Kinder automatisch zu den besser geförderten. Hingegen fehlt es für die Êzîden und ihre Kinder an spezifischen Beratungs- und Betreuungsmöglichkeiten. Es fehlt an Angeboten im vorschulischen oder kulturellen Bereich.

Êzîden sind auch beim Grundsatz der Gleichheit am meisten benachteiligt, weil ihre Angehörigen traditionell aus Arbeiterfamilien stammen. So werden Arbeiterkinder in Deutschland selbst bei gleicher Leistung ungleich schlechter benotet, weil das Schulsystem die bestehenden sozialen Ungleichheiten verstärkt. Hinzu kommt, dass der Gesetzgeber mit dem Aufenthaltsgesetz von 2004 die privilegierte Stellung des Deutschen als Amtssprache noch einmal positiv normiert hat. Es fehlt somit eine gebotene Äquivalenz zur Förderung von Minderheiten- bzw. Migrantensprachen. Man könnte meinen, dass die deutsche Migrantenpolitik die Schwächsten in der Gesellschaft besonders benachteiligt. Gutachten und Berichte weisen auf die hohe Zahl von Kindern kurdisch-êzîdischer Herkunft in Sonderschulen hin[326]. Viele organisatorisch bzw. finanziell besser als die Êzîden gestellte Migrantengruppen haben Privatschulen gegründet, die ihre spezifisch-kulturellen Bedürfnisse berücksichtigen. Doch êzîdische Kinder und ihre Potentiale werden nicht hinreichend gefördert. Mit besonders geschulten Lehrkräften, die vor allem die kulturellen, sozialen und psychologischen Bedürfnisse der Êzîden kennen und mit berücksichtigen, würden sie mit anderen Migrantengruppen gleichgestellt werden. Gemessen an Angeboten für türkische oder arabische Kinder ist der Kurdischunterricht für êzîdische Kinder völlig unzureichend, geradezu ein Witz. Hinzu kommt, dass Kinder mit kurdisch-deutscher Sprachkombination noch weniger Anerkennung als arabische oder türkische Kinder finden. Man könnte meinen, dass Kurdisch nach wie vor den Status einer inkriminierten Sprache hat. Von diesem, viel-

---

[326] Ekrem Yıldız, Bonn 1999, (339-364) S. 359.

leicht auch partiell selbstverschuldeten Inkriminieren des Kurdischen sind êzîdische Kinder sehr stark betroffen: Deutsche Êzîden gehören ethnisch zu den Kurden. Doch der Name Kurde wird in Deutschland nicht selten mit der „verbotenen PKK" gleichgesetzt, weil die meisten Menschen erst im Zusammenhang mit den Gewaltaktionen der PKK von Êzîden erfahren haben. Entsprechend gering ist bzw. war bisher das Interesse an „objektiven Informationen" über die Êzîden, ihre Geschichte und Probleme.

Die von Êzîden in Deutschland betriebenen Internetforen zeigen, dass der Kommunikationsverkehr unter Êzîden nahezu vollständig auf Deutsch stattfindet, weil sie zwar verbal auf Kurdisch kommunizieren können, nicht aber schriftlich. Die Êzîden der ersten Generation durften wegen der Unterdrückungspraxis in der Türkei und in Syrien nicht in ihrer Muttersprache alphabetisiert werden. Selbst viele Êzîden, die in den Vereinen in Deutschland aktiv mitwirken, sind des Kurdischen nur unzureichend mächtig. Die Êzîden sind eine „bäuerliche", illiterate Bevölkerung, die „bildungsfern" leben musste, wenn sie überleben wollte. Weder durften Êzîden Kurdisch an Schulen erlernen, noch war kurdisch zugelassen. In Deutschland, das nicht vergleichbar ist mit der Türkei, werden Êzîdenkinder zumeist als Türken, Perser, Araber wahrgenommen[327].

4. Die Diskriminierung der Êzîden

„Eine Kuh allein genügt um eine ganze Herde in Verruf zu bringen" (êzîdisch-kurdisches Sprichwort)[328]. Êzîden werden, zum Teil selbstverschuldet, seit dem Betätigungsverbot gegen die PKK (11/1993) umso mehr diskriminiert und vielfach mit der PKK gleichgesetzt, weil ihnen pauschal eine Nähe zu der Arbeiterpartei Kurdistans (PKK) unterstellt wird. Sie werden als Anhänger der PKK wahrgenommen. Richtig daran ist, dass ein Großteil êzîdischer Vereine bis in die Gegenwart entweder der PKK nahesteht oder mit ihr sympathisiert: Noch 1990 machten die Anhänger der PKK mit vielen Straftaten auf sich aufmerksam. Daraufhin kam es im November 1993 zu einem Betätigungsverbot gegen die PKK und ihr nahestehende Vereine bzw. Organisationen[329]. Die Anhänger der PKK waren rechtswidrig mit Bestrafungsaktionen gegen „Verräter aus

---

[327] Kemal Bozay, Band 14, (25-39) S. 33, 38.
[328] „Çêlekek rêxok garanekê dilewitîne".
[329] Siehe Celalettin Kartal, September 1997, (27-34) S. 27 ff.

den eigenen Reihen" vorgegangen. Viele mussten sich für Straftaten rechtfertigen. Sie hatten mehrfach Autobahnen blockiert und viele türkische Einrichtungen in einigen Großstädten beschädigt. Auf diese Weise hatte die PKK alle Sympathien in Deutschland verspielt: Die vielen gewaltsamen Aktivitäten der PKK haben der kurdischen Sache einen Bärendienst erwiesen. Grund: Infolge dieser Aktivitäten wurde die PKK mit „Terrorismus" oder einer „terroristischen Organisation" gleichgestellt. Seit dem Betätigungsverbot gegen die PKK oder ihr nahestehende Organisationen drehen sich die meisten Diskussionen um Êzîden bzw. Kurden in Deutschland irgendwann um „PKK, Gewalt und Kriminalität". Das Verbot hat also indirekt eine pauschale Diskriminierung der Êzîden bewirkt. Die Kurden[330] und vor allem Êzîden aus dem Raum Celle (Niedersachsen) wurden als potentielle Kriminelle wahrgenommen. Mit dem Verbot der PKK verschwand die Wahrnehmung der unterschiedlichen Dimensionen des Kurdenkonflikts in der Türkei[331]. Es entstanden Fehleindrücke bzw. Pauschalurteile über Kurden und Êzîden in Deutschland, das ihnen Schutz vor politischer Verfolgung gewährt hat. Somit hat das „PKK-Verbot" erhebliche Nachteile für die Êzîden mit sich gebracht[332].

Vereinsarbeit in Deutschland

Die ursprüngliche Strategie der êzîdischen Vereine, die Êzîden in Deutschland vor der Assimilation bewahren zu wollen, erweist sich seit einem Jahrzehnt als illusorisch, wenn nicht sogar als unmöglich.

Die Êzîden in Deutschland profitieren von der deutsch-europäischen Bildung, weil sie im islamischen Orient fast isoliert und krass benachteiligt waren. Seit 1993 sind viele Vereine von Êzîden gegründet worden. Für deutsche Êzîden war ihre Gründung von großer Relevanz. Was diesen wichtigen Vereinen noch fehlt, ist Professionalität. Einige der Vereine betreiben *Facebook* und Websites. Gemeinsames Ziel ist die Verhinderung der Auflösung der Êzîden und ihrer Kultur[333]. Zwei Fernseh-

---

[330] Dazu Gülistan Gürbey, Bonn 1999, (183-200) S. 184.
[331] Gülistan Gürbey, Bonn 1999, (183-200) S. 184.
[332] Celalettin Kartal: Das PKK-Verbot und seine politischen Auswirkungen, S. 29.
[333] Celalettin Kartal (1994), (37-42), S. 40f.

sender sind von Êzîden in Betrieb genommen worden. Ein Verein mit akademischem Anspruch ist gegründet worden. Viele Immobilien sind erworben, Kapital ist in Deutschland angelegt und angehäuft worden. Die êzîdischen Vereine, ihre Dachverbände und die êzîdische Jugend sind mit der Aufgabe konfrontiert, eine Brücke zu bilden zwischen Moderne und Tradition.

Viele der deutschen Êzîden wollen von ihren neuen Möglichkeiten Gebrauch machen, sich an der Gestaltung ihrer Gemeinschaft, in der sie leben, zu beteiligen. Die neue „unschätzbare Freiheit" bietet ihnen die Möglichkeit, sich handelnd einzubringen, aber auch sich der Welt zu öffnen. Dutzende haben sich vornehmlich durch Übernahme von Vereinsarbeit einen gewissen Respekt verschafft. Die Eltern der deutschen Êzîden stammen aus einer bäuerlichen Bevölkerung. Erst in Deutschland haben sie Vereine gegründet. Die Arbeit in den vielen Vereinen wird von wenigen Aktivisten erledigt. Eine koordinierte Zusammenarbeit zwischen allen êzîdischen Vereinen existiert nicht[334]. Die Vereine sind in zwei Lager gespalten. Es gibt aber Bemühungen einen gemeinsamen Dachverband zu gründen[335]. Ihre Zerstrittenheit ist für die êzîdische Gemeinschaft mit wesentlichen politischen, theologischen, finanziellen und rechtlichen Nachteilen verbunden. Sie machen es auf diese Weise Bund, Ländern und Gemeinden leicht bzw. leichter, ihre vielfach sinnvollen Anträge auf finanzielle Unterstützung oder Forderungen nach Religionsunterricht für êzîdische Kinder abzulehnen.

Die erste Generation der Êzîden in Deutschland hat keine Präventionsarbeit zu leisten vermocht. Die Gründungsaktivisten der êzîdischen Vereine hatten sich vorgenommen, die Auflösung der Êzîden als Gemeinschaft zu verhindern. Vor allem sollte über den begonnenen Assimilationsprozess aufgeklärt werden. Inzwischen dürfte der Führung dieser Vereine klar geworden sein, dass ihre anfänglichen Ziele zu ambitioniert waren: Êzîdische Vereine sind im Vergleich mit denen deutscher Muslime auf den Migrationsprozess nicht ausreichend vorbereitet. Sie benötigen eine umsetzbare Überlebensstrategie, die noch fehlt oder: nicht erkennbar ist.

---

[334] Die ezîdischen Texte räumen der Bildung einer Allianz der Êzîden (tifaq) den höchsten Stellenwert ein, vgl. Philip G. Kreyenbroek/Xelîl Cindî Reşow: Tanri ve Şeyh Adî Kusursuzdur, İstanbul 2011, S. 199, Nr. 3.

[335] Dem LALiş Dialog zufolge ist seit dem 30.11.2013 eine verbindliche Erklärung zwischen den zwei großen Lagern unterzeichnet worden, Lalîş Dialog 3/2013, S. 11.

Der größte Verband der Êzîden, die FKE[336] tritt für eine Rückkehroption ein. Versuche einiger Êzîden in die Türkei, in ihr ursprüngliches Siedlungsgebiet zurückzukehren, sind jedoch gescheitert. Ähnliches gilt für ihre verstärkten Bemühungen, ihre ehemaligen Ländereien zu reklamieren bzw. zu bestellen. Insofern ist es fraglich, ob die propagierte Rückkehroption der Interessenlage der deutschen Êzîden entspricht[337]. Die deutschen Êzîden haben zumeist ihre wenigen Immobilien und Ländereien entweder verkauft oder verpachtet bzw. vermietet: Ihre kleinen Dörfer und Weiler sind zumeist zerstört bzw. verwahrlost, einige von muslimischen Stämmen in Besitz genommen worden, die sie nicht mehr hergeben wollen. So ist kaum vorstellbar, dass die Êzîden in der Türkei einen Minderheitenschutz erhalten werden. Ihre kurdistanischen Siedlungsgebiete liegen geographisch voneinander getrennt und befinden sich in der Türkei in der sicherheitsgefährdeten Kurdenregion. In dieser Region fanden ab 1984 kriegerische Auseinandersetzungen zwischen der PKK und dem türkischen Militär statt.

Selbst wenn die deutschen Êzîden eine Rückkehroption in die Türkei hätten, würden vielleicht eher ein paar Rentner aus der ersten Generation zurückkehren wollen. Angesichts dieser Sachlage sollten die deutschen Êzîden eine Kultur der Zusammenarbeit zwischen allen êzîdischen Vereinen und weiteren Institutionen entwickeln, um übergreifende Projekte durchführen zu können. Ein Zusammenschluss und eine Zusammenarbeit hätte auch den Vorteil, dass die Êzîden als Gesprächspartner für Bund, Länder und Gemeinden ernst genommen werden würden, denn es ist offensichtlich, dass die Zerstrittenheit der êzîdischen Vereine im Widerspruch zu ihrer Interessenlage steht.

Êzîdentum und seine Zukunft in Deutschland

Die europäischen Gesellschaften sind prinzipiell durchlässig und pluralistisch strukturiert. Ein Aufstieg über Bildung ist möglich. Der Status des Einzelnen ist in der Regel durch seine in der Gesellschaft erlangte Position definiert. Die individuellen Wünsche des Einzelnen gehen Gemeinschaftsinteressen vor.

Genau diese Liberalität und Säkularität wird von deutschen Êzîden sehr geschätzt. Bereits jetzt schon lebt mehr als ein Zehntel der Êzîden in

---

[336] Föderation der Êzîdischer Vereine in Deutschland.
[337] Vgl. z. B. Şefik Tagay im Interview mit All Dialog, in: Lalis Dialog Ausgabe 1 – 1/2013, (12-13) S. 13.

Deutschland, in der neuen Wahlheimat. Für den Großteil von ihnen ist die Religion kein fester Bezugspunkt mehr. Gleichwohl gehen die meisten deutschen Êzîden davon aus, dass über das moderne Êzîdentum und seine Inhalte keine richtigen Vorstellungen herrschen. Das säkulare Leben in Europa „nötigt" die Êzîden, das Êzîdentum neu zu definieren bzw. zu reformieren[338]. Seit mehr als zwei Jahrzehnten findet eine laufende Neu-Bestimmung des deutschen Êzîdentums statt. Sie soll es vor einer allmählichen Auflösung und dem Aussterben bewahren, den gebotenen Veränderungen im liberal-säkularen Europa anpassen bzw. das Êzîdentum neu beleben. Divergenzen, Dogmen und unzeitgemäße Vorschriften sollen korrigiert werden oder keine Anwendung mehr finden. Insbesondere sollen das komplizierte Kastenwesen und die damit verbundenen Heiratseinschränkungen reformiert werden[339]. Die deutschen Êzîden wollen nicht, dass Frauen und Männer unter Berufung auf die Tradition und Religion nicht frei bzw. ohne jeden Druck entscheiden können, ob, wann und wen sie heiraten.

Wenn in monotheistischen Religionen grundlegende Reformen durchgeführt werden, kommt es regelmäßig zu Spaltungen. Konzeptionell handelt es sich beim Êzîdentum um eine „Volksreligion". Veränderungen in kleinen Religionen können auch zur Spaltung führen. Vor allem können Reformen ganze historisch gewachsene Gemeinschaften lähmen bzw. schwächen. Dies wird sehr selten von religiösen Funktionsträgern erwogen. Eine Öffnung des Êzîdentums in Europa ist unerlässlich, muss aber mit größter Sorgfalt angegangen werden.

1. Das deutsche Êzîdentum

Es ist erstaunlich, dass Êzîden Jahrhunderte lang massive Nachteile innerhalb des islamischen Orients in Kauf nehmen mussten, um nur nicht zum Islam konvertieren zu müssen. In Europa wollen sie ihre Religion innerhalb kürzester Zeit reformieren. Die Ursache für diese Einstellung und die Entschlossenheit ihrer Intelligenzler dürfte vor allem in der extrem flexiblen Haltung der Êzîden zu suchen sein.

---

[338] Celalettin Kartal: Çima akademîkerên êzdî nabin çalakger û berpirsê çarenûsa civaka xwe?
[339] So z. B. Şefik Tagay im Interview mit Lalış Dialog, in: Lalış Dialog Ausgabe 1 – 1/2013, (12-13) S. 13.

In Europa gelten die strengen Heiratsvorschriften als antiquiert und die Religionen haben keinen guten Ruf. Gerade deswegen stellen die säkularen Gesellschaften Europas für die Êzîden eine große Herausforderung dar. Das Êzîdentum hat zum Teil den „Ausrottungsversuchen des Islam" standhalten können, aber in Europa besteht die Gefahr, dass es sich innerhalb von wenigen Jahrzehnten auflöst. Durch die Flucht nach Europa haben die Êzîden den Nachstellungen in den islamischen Staaten entgehen können. Doch für das Überleben der Religion als solche bietet der sichere Aufenthalt in Europa noch keine Garantie.

Während bei den Muslimen in Europa das Interesse an Religion eher zunimmt als nachlässt, nimmt innerêzîdisch das Interesse am Êzîdentum ab. Wird nicht gerade deswegen notwendigerweise das Êzîdentum untergehen? Êzîdische Feste werden nicht mehr gemeinsam von Êzîden wie in Kurdistan begangen. Sie finden meistens in Vereinen mit einer relativ kleinen Teilnehmerzahl statt. Die Mehrheit der Êzîden nimmt an diesen Feiern nicht teil. Anders als in Kurdistan leben die Êzîden verstreut in einzelnen Bundesländern, vornehmlich in Niedersachsen, Nordrhein-Westfalen, im Saarland, in Hessen, Hamburg und Bremen. Anders als in Kurdistan leben Êzîden nicht mehr in ihren kleinen Dörfern zusammen. Die alten familiären Strukturen der Êzîden haben sich zumeist aufgelöst. Weder kennen die meisten Êzîden ihre religiösen Pflichten, noch können ihnen diese von ihren Eltern vermittelt werden. Der Individualismus hat sich größtenteils durchgesetzt. Das frühere dörfliche Gemeinschaftsleben existiert nicht mehr. Êzîden leben nicht mehr unter der sozialen Kontrolle ihrer Familien. In Kurdistan lebten die Êzîden unter sich und wurden von der islamischen Mehrheitsgesellschaft ausgegrenzt.

In Deutschland sind die Êzîden voll integriert, wichtige Teile sind assimiliert. Mindestens drei êzîdische Richtungen oder Gruppen mit zum Teil abweichenden Identitäten sind entstanden: Es gibt Êzîden in Deutschland, die weitgehend säkular leben bzw. einer säkularen Philosophie anhängen. Eine *zweite* Gruppe der Êzîden definiert sich über die Sprache und versteht sich als Zoroastrier. Auch diese Gruppe kann als säkular bezeichnet werden. Eine *dritte* Gruppe definiert sich als êzîdisch ohne einen kurdisch-ethnischen Bezug. Die erste Gruppe kann linguistisch als assimiliert gelten; sie solidarisiert sich kaum mit der êzîdischen Gemeinschaft. Die *zweite* Gruppe versteht sich als die politische Führung aller Êzîden, verfügt aber nicht über eine Überlebensstrategie für die Êzîden. Die *dritte* Gruppe bildet wohl eine Minderheit und verfügt ebenfalls über keine Überlebensstrategie.

Angesichts der Tatsache, dass die Êzîden nicht nach Kurdistan zurückkehren werden, erscheint eine Reform des Êzîdentums konsequent, wenn auch schwierig. Warum? Eine Religionsgemeinschaft, die weder über eine „heilige Schrift" noch über eine standardisierte Theologie verfügt, hat es nicht leicht, in Europa zu überleben. Das Überleben der Êzîden hängt u.a. davon ab, ob sie in der Lage sind, den Verschriftlichungsprozess erfolgreich zu vollenden, sich neu zu organisieren sowie eine vereinheitlichte Theologie einzuführen. Dazu müssten die vielen êzîdischen Vereine in der Lage sein, Êzîden auf einen Prozess der Veränderung vorzubereiten. Êzîden benötigen Bildungseinrichtungen. Insbesondere müsste das Êzîdentum nach und nach für Konvertiten attraktiv gemacht werden. Wird es also den deutschen Êzîden gelingen, das Êzîdentum in Europa noch vor seiner Auflösung und dem drohenden Aussterben zu bewahren oder wird es untergehen? Diese Kontroverse wird auch in den nächsten Jahrzehnten die Diskussion unter den deutschen Êzîden maßgeblich bestimmten.

2. Die Kontroverse um Reformen

An der Kontroverse um die lang anhaltende Reformen des Êzîdentums sind fast alle Êzîden beteiligt. „Elitäre Kreise" innerhalb der Êzîden erklären, dass vor allem die Kastenordnung nicht mehr wie in den Herkunftsländern praktiziert werden kann. Das Êzîdentum müsste offen sein für alle interessierenden Menschen[340]. Wie dargelegt, richtet sich die Kritik vor allem gegen die Beschränkung der Wahl der Heiratspartner. Bemängelt wird die fehlende Option, zum Êzîdentum übertreten zu können[341]. Beides wird für den Rückgang der Zahl der Êzîden in Europa verantwortlich gemacht. Eine Öffnung des Êzîdentums wird gefordert.[342] Mochte der strenge, in Kasten strukturierte, êzîdische Heiratsritus im islamisch dominierten Kulturkreis, aus dem die meisten Êzîden in Deutschland stammen, einen Sinn haben, so lähmt und behindert er in Europa die êzîdische Gemeinschaft.

Aus säkularer Sich lässt sich diese Kritik der deutschen Êzîden am Êzîdentum nachvollziehen. So muss ein Êzîde, der eine Heiratsbeziehung mit einer Christin oder Muslimin eingeht, mit einer Ausgrenzung durch seine Familie und eventuell noch durch weitere Êzîden rechnen.

---

[340] Mamou Othman auf der 1. Konferenz der Êzîdischen Akademiker in Bielefeld vom 23.06.2012.
[341] Mamou Othman: The Êzidian Caste system and tradition, in: http://www.lalish.de/english/modules.php?name=News&file=article&sid=31.
[342] Celalettin Kartal, in: Kurdistan heute 1994, S. 37-42.

Doch eine Öffnung des Êzîdentums zu diesem Zeitpunkt käme einer Auflösung des Êzîdentums gleich. Warum?

Das Êzîdentum und seine Praxis sind ständigen Veränderungen ausgesetzt. Inner-êzîdische strukturelle Probleme, wie z. B. ein fehlendes Geschichtswissen oder mangelnde Religionskenntnisse wirken sich identitätshemmend aus. Ehen mit Êzîden und Nicht-Êzîden existieren miteinander bzw. nebeneinander. Ein ständiger Wertewandel findet statt. Eine neue êzîdische Identität ist entstanden, die mehr individualistisch geprägt ist als kollektivistisch. Für das Überleben der Êzîden in Europa ist von Nachteil, nicht im Besitz einer „heiligen Schrift" zu sein. Die allgemeine Inkompetenz der religiösen Würdenträger erweist sich als Hindernis. Êzîdische Kinder konfrontieren ihre Eltern mit religiösen und religionskritischen Fragen. Êzîden sind prinzipiell auf einen notwendigen Dialog mit Christen, Muslimen und Juden nicht vorbereitet.

In der Kontroverse um die Öffnung des Êzîdentums nach außen fällt krass und negativ auf, dass die meisten Reformbefürworter wenig über die Religion und deren Inhalte Bescheid wissen. Dies verwundert nicht, wenn ca. 95 % der deutschen Êzîden vom Êzîdentum und seinen Inhalten nur mangelhafte Kenntnisse haben[343]. Das wiederum erschwert die komplette Reorganisierung des êzîdischen Lebens und die Vorbereitung auf den notwendigen Reformprozess.

Reformen in Religionen erweisen sich als sehr langwierig: Sie sind sehr selten und sehr schwierig zu kontrollieren bzw. durchzuführen. Auch monotheistische Religionen wie das Christentum oder das Judentum haben gewisse Reformen erfahren. Reformer waren Theologen oder Rabbiner. Bei *Martin Luther* handelt es sich um einen „führenden Theologen". Die Reformdenker im Judentum (19. Jh.) waren Rabbiner. Allein der Diskurs um die Reformierung des Judentums dauerte mehr als 100 Jahre, blieb aber unbefriedigend. Die Reformierung des Judentums blieb hinsichtlich der Frage, ob sie die Substanz des Stammeslebens zu einer bloßen Konfession verdünnte oder ob sie nur mit Widerstreben alte Einrichtungen und Formen preisgab, unentschieden und inkonsequent.[344] Die eingeleiteten Reformen führten zu großen Verunsicherungen und Spaltungen innerhalb der Gemeinschaft.

Bei den Juden trat gleich nach den Reformen eine breite Verunsicherung ein und in der Folge eine große Bereitschaft zur Nichtbefolgung jüdischer Traditionen[345]. Zwar wurden nicht alle Reformen durchgesetzt,

---

343 So Othman Mamou auf der 1. Konferenz der Êzîdischen Akademiker.
344 Max Wiener: Jüdische Religion im Zeitalter der Emanzipation, Berlin 1993, S. 5
345 Reformjudentum, in: http://de.wikipedia.org/wiki/Reformjudentum.

doch waren die Juden auf die Reformen durch die Rabbiner hinreichend vorbereitet gewesen, denn sie lebten zu Beginn der Reformen schon mehr als zwei Jahrtausende in Europa. Die Êzîden dagegen leben erst seit 50, größten Teils seit 30 bis 35 Jahren in Deutschland.

Die deutschen Êzîden könnten in einem ersten Schritt die drei Kasten auf zwei reduzieren (*pîr/murîd*) und die Auswirkungen dieses Prozesses abwarten. In einem zweiten Schritt könnten die Êzîden die zwei verbliebenen Kasten ebenfalls abschaffen. Parallel dazu könnten sie eine standardisierte Theologie schaffen und das Êzîdentum nach außen öffnen.

In der Reformierung liegen Chancen und Risiken. Eine Reformierung über Nacht kann nicht gelingen. Außerdem müsste die Reformierung in Absprache mit dem Hohen Religionsrat im Irak erfolgen.

Bisherige Überlegungen

Die Êzîden und ihre Kinder haben erst in Europa gelernt, was Freiheit wirklich bedeutet und zu bewirken vermag. Das Kennenlernen der europäischen Kultur, das Erlernen der deutschen und anderer europäischer Sprachen haben das Êzîdentum revolutioniert. Nicht alles ist für das Überleben der Êzîden als Gemeinschaft in Europa positiv zu sehen. Die Êzîden stehen anders als die muslimischen Orientalen den europäischen Kulturen grundsätzlich positiv gegenüber. So erleben Êzîden und Êzîdentum in Deutschland eine unumkehrbare Veränderung ihres Werte- bzw. Glaubenssystems. Überlieferungstexte der Êzîden sind offen bzw. flexibel für neue Ideen, fremde Aspekte und unterschiedliche Auslegungen. Die Flexibilität ihrer Überlieferungen und ihrer Anpassungsfähigkeit im Allgemeinen haben das Überleben der Êzîden innerhalb des „autoritären Islam" ermöglicht. Die Forschung bestätigt ihre Flexibilität[346]. Das Êzîdentum übernimmt ständig neue Ideen. Êzîden akzeptieren durchweg die vorherrschenden Bedingungen, die sie vorfinden oder denen sie ausgesetzt sind.

Interessierte Êzîden, Vereine und ihre religiösen Würdenträger wollen gemeinsam eine Theologie entwickeln. Eine weitere große Herausforderung. Dutzende Hymnen, Klagelieder und Gebete sind niedergeschrieben, zum Teil übersetzt und veröffentlicht worden[347]. Für eine Theologie

---

[346] Celalettin Kartal, in: KJ 2007; Christine Allison 2001, S. 27, 50.
[347] Die Übersetzung aller êzîdischen Texte ins Deutsche kann lang- bzw. mittelfristig das ethnische Konzept beeinträchtigen, weil die deutschen Êzîden dann nicht nötig hätten, die Originale zu hören bzw. zu lesen.

ist ein politischer Kompromiss erforderlich. Es fehlt an einem Forschungsinstitut, das in der Lage wäre, aus den Überlieferungen eine moderne Theologie zu entwickeln[348]. Den deutschen Êzîden fehlt ein gemeinsamer Dachverband, der die Gemeinschaft rechtlich repräsentiert. Dieser Schritt ist seit langem angekündigt. Seine Gründung mit einer politisch-theologisch verantwortlichen Führung wird das Êzîdentum dialog- und salonfähig machen.

Noch vor einem Jahrzehnt war es für deutsche Êzîden unvorstellbar, als Êzîde einen Andersgläubigen zu heiraten und von der Gemeinschaft irgendwann akzeptiert zu werden. Der auch bei einigen Völkern Afrikas praktizierte Brautpreis wird heute von der Mehrheit der êzîdischen Jugend abgelehnt. Bestimmte veraltete Bräuche wie Zwangsehe kommen nicht oder kaum mehr vor. Es gibt kaum einen Brauch oder eine religiöse Norm, die nicht hinterfragt wird bzw. eine Änderung erfahren hat. Dies ist erstaunlich, weil Menschen in der Migration eher religiöser und somit konservativer werden.

Êzîdentum kurz zusammengefasst

- Das Êzîdentum kennt *keinen Fanatismus* und erhebt keine Absolutheitsansprüche.
- Es gibt im Êzîdentum keine negative Macht, die von außen auf Menschen einwirken und diese verführen kann.
- Êzîden glauben an Seelenwanderung. Die Seele stirbt nicht, wandert von Körper zu Körper bis sie ihren transzendentalen Zustand erreicht.
- Es gibt im Êzîdentum *keine „heiligen Bücher"*.
- Êzîden besitzen einen reichen Fundus an Hymnen, Gebeten und Legenden.
- Die Inhalte des Êzîdentums wurden von religiösen Würdenträgern oder Spezialisten (*qewals*) *mündlich weitergegeben*.
- Es gibt bei den Êzîden *keine ausgebildeten Theologen* wie z.B. Pfarrer oder Priester. Êzîden haben sog. religiöse Würdenträger, die zwar alle ihre *murîds* haben, aber nur die wenigsten von ihnen haben die

---

[348] Celalettin Kartal: Çira TV. Im Moment arbeitet eine Kommission an einem Buch für alle Êzîden.

religiösen Texte memoriert und können sie vortragen. Die meisten Êzîden wissen wenig über ihre Religion und deren Inhalte.

- Im Êzîdentum wird man *in den Glauben hineingeboren*. Wir haben es mit einer Volksreligion zu tun.
- Anders als Christen und Muslime *werben die Êzîden nicht für ihre Religion*, um z. B. Andersgläubige zu bekehren.
- *Die Êzîden verehren die sieben Engel*. Der wichtigste ist unter ihnen *Tawisî Melek*. Nach êzîdischer Vorstellung wurde er wegen seiner Weisheit bzw. seines Mutes von Gott zum Oberhaupt aller anderen Engel erkoren.
- Bis auf einige „irakische Êzîden" kennen *Êzîden keinen schulischen Religionsunterricht*. Êzîden lernen ihre Religion meistens durch die Anschauung bzw. die Praxis. Bis in die 1980er Jahre kamen Spezialisten (*qewal*s) zu den Êzîden und haben ihnen Gebete und Hymnen sowie Legenden vorgetragen.
- *Gott hat bei den Êzîden einen Chefengel*: Der êzîdische Gott weist gewisse Besonderheiten auf: Nach êzîdischer Auffassung trat Gott nur bei der Schöpfung aktiv in Erscheinung. Alle Engel unterstehen der Befehlsgewalt des obersten Erzengels, der sich an dem göttlichen Plan aktiv mit beteiligt hat[349].
- *Die Êzîden heiraten nur untereinander**[350]: Dieser Brauch ist die Schwäche und gleichzeitig die Stärke des Êzîdentums. Schwäche, weil es so kaum wachsen kann; Stärke, weil es in einer muslimischen Umgebung das Überleben der Êzîden historisch sicherstellen konnte. Für Êzîden in Europa erweist sich dieser Brauch als Schwäche.
- *Es gibt drei Kasten im Êzîdentum*, die in einem Abhängigkeitsverhältnis zueinander stehen. Die einfachen Anhänger (*murîd*s) machen die Mehrheit aus. Alle drei Schichten dürfen jeweils nur innerhalb ihrer Schicht heiraten. Das Gruppensystem (Kastenordnung) der Êzîden erlaubt prinzipiell nicht, von einer Schicht in die andere zu wechseln.

---

[349] Dieser Chefengel mag man als Fluch und Segen für die Êzîden bezeichnen. Fluch, weil strenggläubige Muslime in *Tawisî Melek* den Teufel sehen; Segen, weil er die Êzîden dazu anhält, den eigenen Verstand zu benutzen, Verf.

[350] Die jeweils mit einem Stern versehenen Sätze bedeuten, dass die Norm entweder nicht eingehalten wird oder in Veränderung begriffen ist!

- *Jeder Êzîde hat einen sheikh und einen pîr*: Pîrs und sheikhs sind religiöse Würdenträger bzw. „religiöse Führer", die auch „Hüter der Religion" genannt werden können. Ihre religiöse Würde ist erblich. Vor allem sheikhs haben die Aufgabe, den Laien in religiösen Fragen zu helfen, ihnen den Weg der Religion zu zeigen.
- *Jeder Êzîde ist verpflichtet, seinen sheikh mit „kleinen Jahresabgaben" zu unterstützen**
- *Jeder Êzîde ist verpflichtet, an drei Tagen zu fasten**. Die Fastenzeit beginnt im Dezember. Insgesamt dauern die Fastentage neun Tage. Nach drei Tagen wird jeweils gefeiert. Die meisten Êzîden fasten nur an drei Tagen. Sie dürfen dann von Sonnenaufgang bis zu ihrem Untergang weder essen noch trinken
- *Es ist ein Tabu für Êzîden, bestimmte Namen/Begriffe wie z.B. Satan, Şeytan zu benutzen**.
- *Jeder Êzîde ist verpflichtet, einen Jenseitsbruder auszuwählen**: Êzîden gehen davon aus, dass jeder Êzîde im Jenseits einen Zeugen für seine Taten benötigt.
- *Allen männlichen Kindern werden kleine Büschel des Kopfhaares* an drei Stellen von ihrem *Sheikh* abgeschnitten. Bei den Mädchen werden die Haare nicht abgeschnitten. Wie bei Juden und Muslimen gibt es eine Knaben-Beschneidung auch bei den Êzîden. In der Regel werden die Jungen im Alter von sechs bis zehn Jahren oder noch später beschnitten.
- *Jeder Êzîde soll einmal im Leben eine Pilgerfahrt nach Lalish unternehmen**.
- *Einmal im Jahr feiern die Êzîden ihr Neujahrsfest (Roter Mittwoch)*: Dieses Fest findet jedes Jahr im April an einem Mittwoch statt. Der Mittwoch ist gleichzeitig ein Ruhetag für Êzîden.
- *Einmal im Jahr feiern die Êzîden ein Fest zu Ehren von Sheikh Adi*: Dieses Fest findet in der Zeit vom 06.-13. Oktober statt. Es wird vor allem bei den Êzîden in Irakisch-Kurdistan groß gefeiert. Bei den Feierlichkeiten wird ein Bulle geopfert. (Es gibt viele Feste und Feiern bei den Êzîden).
- *Jeder religiöse Würdenträger muss einen Bart tragen**: Trägt er keinen Bart, so sind Êzîden nicht verpflichtet, ihn anzuerkennen oder ihm die Hand zu küssen.
- *Jeder Êzîde kann oder soll Gebete verrichten**: Gebetet wird entweder dreimal oder zweimal am Tag. Die Gebete werden in Richtung der Sonne abgehalten, da diese einen bestimmten Engel symbolisiert.

Diese Regel wird, vielleicht auch wegen ihrer Kompliziertheit, kaum eingehalten.
- *Ein Êzîde muss respektvoll und behutsam mit Menschen anderer Nationen und Herkunft umgehen*. Er darf nicht das Eigentum anderer begehren.*
- *Êzîden sollen nicht lügen oder einen falschen Eid ablegen*.*
- *Ein Êzîde soll den Gesetzen des Landes folgen, in dem er sich befindet.*

Wie oben aufgelistet sind nur *neun* Regeln mit einem Stern (*) markiert. Nach traditioneller Vorstellung sind folgende Vorschriften die Grundvoraussetzung, um Êzîde zu sein:

- Als Êzîde geboren werden;
- Die Haarbeschneidung bei den Knaben (Bisk);
- Drei Tage im Jahr als Erwachsener fasten*;
- Einmal im Leben, wenn möglich, den Wallfahrtsort *Lalisch* besuchen*;
- Einen Bruder für das Jenseits haben*;
- Innerhalb seiner Gruppe bzw. Schicht heiraten;
- Eine Ehe mit einem êzîdischen Partner eingehen.

Das Êzîdentum zeigt sich allen positiven Entwicklungen gegenüber offen: Wohin sie auch gehen oder auswandern, passen sich die Êzîden der neuen Umgebung schnell an. Innerhalb der Gemeinschaft herrscht eine große Freiheit. Innerêzîdisch kann es zu Spannungen oder Problemen kommen, wenn Êzîden mit Nicht-Êzîden offiziell Intimbeziehungen eingehen. Es stellt sich aber die Frage, welche Vorschriften des Êzîdentums in einer säkularen Gesellschaft praktiziert werden können. Dazu gehören meiner Meinung nach acht bis zehn Vorschriften bzw. Rituale: Der Glaube an *Tawisî Melek* und die anderen sechs weiteren Engel, die Betreuung durch *sheikh*s und *pîr*s, die Einhaltung von drei Fasttagen, das Auswählen eines Jenseitsbruders, die Knabenbeschneidung ähnlich wie bei Juden und Muslimen, die Feier zum Roten Mittwoch, die Verrichtung von freiwilligen Gebeten, der Respekt vor anderen Nationen und deren Gesetzen.

Êzîdenforschung und Autoren

Die nachfolgenden Publikationen sollen den angehenden Êzîdenforscher veranlassen, sich in das Êzîdentum und seine Geschichte einzuarbeiten. Der Fokus liegt dabei auf aktueller Literatur über das Êzîdentum. Dem kritischen Leser wird nicht entgehen, dass ich vielfach in der Auswertung der Arbeiten subjektiv bin, was aber beabsichtigt ist.

Yurdaer Abca (türkisch)

A. hat seine Magisterarbeit (siehe Literaturteil) am Sozialwissenschaftlichen Institut der Universität *Eskişehir* in der Türkei geschrieben. Gegenstand der Arbeit ist „Êzîden und Êzîdentum im Osmanischen Reich". Der Text umfasst mehr als 200 Seiten. Er beruht zum Teil auf dubiosen Quellen: A. hat nicht selten Aspekte und Aussagen miteinander vermengt, die thematisch nicht zusammengehören. Es fällt auf, dass er u.a. Quellen zitiert, die einen ideologischen (Üşümezsoy, Başbuğ) oder oberflächlichen Charakter (*Öztemir, Sever*) haben. Viele der zitierten Autoren und Gewährsmänner sind weder Êzîdenforscher noch Êzîdenkenner bzw. êzîdische Würdenträger. Seine Arbeit lässt gravierende Defizite erkennen. So sieht er *Sheikh Adi* als den Gründer des Êzîdentums und beruft sich dabei auf zwielichtige Personen (13). Darüber hinaus setzt A. den Chefengel der Êzîden mit dem Teufel gleich (17). Beim Lesen der Arbeit entsteht der Eindruck, dass A. sich dem Thema nicht objektiv verpflichtet fühlt, sondern eine politische Absicht verfolgt. Gleichwohl ist das Kapitel „*Ömer Vehbi* Pascha und die Êzîden" (94 ff.) lesenswert und informativ. Auch die alten, zitierten Dokumente aus den Archiven des Osmanischen Reichs sind wichtig für die Forschung. Trotz der geschilderten Defizite kann der historisch interessierte Forscher A.s Arbeit als Ergänzung heranziehen.

Emîn Akbaş (kurdisch)

A. hat eine Art Schulbuch geschrieben (vgl. Literaturteil). Es umfasst 136 Seiten und ist in zehn Kapitel eingeteilt. Unklar ist, ob es für den Sekundärbereich 1 oder 2 verfasst ist. Nicht alle aufgeführten Begriffe sind definiert oder verständlich erklärt. Gebete und Gesangshymnen nehmen zum Schluss des Buches unnötig einen breiten Raum ein (90-130), ohne dass sie erklärt werden. Bei vielen Kapiteln entsteht der

Eindruck, dass das Buch sich weder für Grundschulkinder noch Kinder der Sekundarstufe I pädagogisch eignet. Wahrscheinlich können auch die meisten Êzîden die Sprache dieser Texte nicht verstehen. Dem Verfasser ist zugute zu halten, dass er das Buch allein geschrieben hat. Mit der Auswahl der Texte hat er, wenn der Leser von ihrer sprachlichen und thematischen Kompliziertheit absieht, meiner Meinung nach einen wichtigen Anfang gemacht. Wegen des Mangels an Schulbüchern sollte der interessierte Leser auf dieses Buch zurückgreifen. Siehe dazu die Rezension des Verfassers, http://www.serbesti.net/forum/showentry. php?sNo=24607.

Christine Allison (türkische Fassung)

A. ist eine anerkannte Kurdologin. Sie hat eine Forschungsarbeit über Êzîden im Irak veröffentlicht. Die Arbeit befasst sich vornehmlich mit êzîdischen Liedern historischen Inhalts. Darin erwähnt A. u. a. einige Vorurteile der Muslime gegenüber den Êzîden. Ausführlich legt sie die Historie êzîdischer Lieder und ihrer Inhalte dar. Ein Kapitel ihres Buches ist dem „Völkermord" an Êzîden von 1893 gewidmet. Ein Jahr zuvor war *Ömer Vehbî* Pascha durch den Herrscher Sultan *Abdul Hamid* damit beauftragt worden, Êzîden zu nötigen, zum Islam überzutreten. *Vehbi* Pascha, mit Sondervollmachten ausgestattet, verübte einen Völkermord an Êzîden der Regionen *Shêxan* und *Shengal* (heutiger Irak). In diesem Buch setzt A. sich auch mit dem bei den Êzîden weit verbreiteten Begriff „Ferman" auseinander. *Ferman* ist ein schriftlicher Befehl, der auf der menschenrechtswidrigen Scharia beruht. Der Begriff wird von den meisten Êzîden als religiös motivierter Krieg gegen letztere verstanden. Des Weiteren setzt sich A. auch mit der Behauptung gewisser Forscher und Autoren auseinander, wonach es bei den Êzîden historisch ein Schreibverbot gegeben habe. Die Arbeit eignet sich vornehmlich für historisch, ethnologisch und folkloristisch interessierte Forscher.

Pîr Dîma (kurdische Fassung)

Das Buch „Êzîden aus Serhedê – 19. bis Anfang des 20. Jahrhunderts" ist eine Übersetzung aus dem Russischen. Der Autor erklärt kurz und knapp die vielen Institute, Dogmen und Begriffe des Êzîdentums. Die sehr detaillierten Kenntnisse dürften die meisten Anfänger überfordern (44ff., 51 ff,), die Eingeweihten bzw. Spezialisten dagegen erfreuen. Aufgeführte Begriffe des Êzîdentums (34) und deren Voraussetzungen

(32, 38) werden eng bzw. streng definiert. Im dritten Teil geht D. sehr informativ auf die Stämme der Êzîden aus der Grenzregion *Serhed* ein (63 ff.). Da die Namen der Stämme und zum Teil auch ihre Geschichte mit dargelegt sind, ist das Buch allen interessierenden Forschern und Lesern zu empfehlen.

Johannes Düchting (deutsch)

D. hat zwei Bücher über das Êzîdentum und die Êzîden geschrieben. Beide enthalten detailreiche Informationen über das Êzîdentum, die Êzîden und die Geschichte ihrer Verfolgung. Das erste Buch „Stirbt der Engel Pfau?, Köln 1992" besteht aus zwei Teilen. Der erste ist von ihm und der zweite Teil ist von *Nuh Ateş* verfasst worden. In seinem 2004 erschienenen Buch (siehe Literaturteil) geht er auf die vielen Religionen im Vorderen Orient ein. Das Buch besteht aus zwei Teilen. Der allgemeine Teil umfasst mehr als 400, der besondere Teil ca. 300 S. D. führt darin aus, dass erst der Islam den mesopotamischen Religionen ein „grausames Ende" gesetzt hat (20). So hat er sich im Nahen Osten vor allem mit Schwert und Krieg durchgesetzt. Auch der Prophet des Islam war kein Pazifist (274); Krieg und Blutvergießen war ein Teil seiner Politik.

Noch vor dem Aufkommen des Islam hatte sich das Zweistromland zu einem Schmelztiegel der Völker und Kulturen und zur Wiege der ersten überregionalen Religionen entwickelt (18). Gemeinsam war diesen Religionen, dass sie die Himmelslichter Sonne und Mond sowie die Planeten als Hauptgottheiten verehrten (18). Um 1900 v. Chr. führten klimatische Veränderungen dazu, dass indoeuropäische Gruppen bis nach Mesopotamien und Anatolien vordrangen. Damals bestand die indoeuropäische Gesellschaft aus drei großen Kasten (43). Namentlich die Religion Zarathustras, der Zoroastrismus, wurde in Kurdistan bzw. seinen Bergen niemals richtig heimisch (58).

Der zweite bzw. besondere Teil kann kontrovers genannt werden: Gleich auf der ersten Seite steht der Satz „So wird es kaum zwei Êzîden geben, die identische Angaben über ihre religiösen Praktiken machen". Es entsteht der Eindruck, dass D. sich über mit ihm in Kontakt stehenden Êzîden und ihre sich widersprechenden Aussagen bzw. Angaben geärgert haben muss. Auf der Seite 418 macht er auf die nicht unerheblichen Differenzen bei den Êzîden und ihre religiösen Praktiken aufmerksam. Die Einführung der Endogamie lässt sich unter Verweis bzw. Berufung auf die Gesangshymnen nicht begründen. Vielmehr ist sie nur als Schutz gegen den „aggressiven Islam" eingeführt worden.

Infolgedessen ist ein etwaiger Verstoß hiergegen kein Ausschlussgrund aus dem Êzîdentum (S. 425). Alles in allem ist das Buch sehr detailreich und jedem Forscher zu empfehlen.

Edip Gölbaşı (englisch)

G. hat seine Masterarbeit[351] über die Êzîden und den Osmanischen Staat geschrieben. Es handelt sich um eine Arbeit, die G. am Atatürk *Institut for Modern Turkish History* angefertigt hat. Sie umfasst mehr als 100 Seiten. Der Wert dieser Arbeit besteht darin, dass G. die Archive des Reichs für seine Abschlussarbeit ausgewertet hat. Entgegen der Meinung vieler Forscher hat das Reich Êzîden zu keinem Zeitpunkt als *millet*-Gemeinschaft anerkannt (S. 36). Im Gegenteil: Aus der Sicht der Herrscher des Reichs, der theologischen Rechtsgelehrten und der administrativen Elite waren die Êzîden eine ketzerische Gruppe („heretic" group). Das Reich bezeichnete sie als eine „falsche Sekte", eine Sekte, die vom rechten Weg abgewichen sei. Das Reich wusste nicht, wer die Êzîden sind (S. 6) und wollte es auch nicht wissen. Es betrachtete die Êzîden willkürlich und grundlos als Ungläubige bzw. Feinde, Ketzer, Separatisten, Barbaren und Unwissende. Galt jemand als Separatist, dann war es für einen gläubigen Muslim Pflicht, ihn zu töten. Namentlich Sekten bzw. orthodoxe Sekten galten permanent als verdächtig. Das Reich sah in den Êzîden eine abartige Gruppe und eine permanente Bedrohung. Selbst im 19. Jahrhundert hat der Sultan in einem kaiserlichen Edikt empfohlen, die Êzîden mit Blutvergießen zu bestrafen, Kinder ausgenommen. (S. 40). Wenn eine Gemeinschaft oder Teile davon im Osmanischen Reich zum Islam übertraten, wurde als erstes von der Administration die Order erteilt, in der Region eine Moschee und eine islamische Schule zu bauen. Gleich danach wurden Imame und Lehrer nominiert (S. 20). General *Ömer Vehbi Pascha* hat namentlich die arabischen Beduinen und die kurdischen Muslime gegen die wehrlosen Êzîden einsetzen können (S. 95). Es fällt auf, dass G. von einer systematischen Politik und gewaltigen Anstrengungen des Reiches gegen die Êzîden spricht. Die Êzîden seien einer Reihe von Massakern bis in die Zeit *Abdul Hamids II.* ausgesetzt gewesen. Namentlich *Abdul Hamid II.* sei ein verschworener Gegner der Êzîden gewesen und hätte seinen General *Ömer Vehbi Pascha* gegen die Êzîden besonders grausam vorgehen lassen (S. 17). G. behauptet, dass die moderne Geschichte des Osmanischen Reiches noch nicht geschrieben worden sei (S. 53). Alles in allem legt G. eine sehr lesens-

---

[351] The Yezidis and the Ottoman State: Modern Power, Military Conscription, and Conversion Policies, 1830-1909.

werte Forschungsarbeit vor, die jedem historisch interessierten Êzîdenforscher zu empfehlen ist.

John S. Guest (türkischen Fassung)

G.s *Survial Among the Kurds – A History of the Yezidis* ist ein lesenswertes und informatives Buch. Es ist in einem journalistischen Stil verfasst. Was jedoch von Anfang an auffällt, ist, dass G. sehr viele Quellen ausgewertet hat. *Sheikh Adi* sei ein strenggläubiger Sunnit gewesen (44 ff.). Muslime, vor allem die Schiiten haben versucht, durch die Bezeichnung „Yezidi", einen im historisch-islamischen Kontext negativ besetzten Namen, die Angehörigen der Êzîden zu brandmarken. Der Name sei mit der Zeit die offizielle Bezeichnung für die „wehrlosen Êzîden" geworden (68). G. geht ausführlich auf die Strafexpeditionen der Statthalter ein, die in der späteren Reformphase des Osmanischen Reiches (*Tanzimat Dönemi*) gegen Êzîden durchgeführt wurden. Er legt nachvollziehbar dar, warum die Êzîden außerhalb der islamischen Rechtsordnung (Scharia) standen (181). Danach standen die Êzîden in der religiösen Hierarchie noch unter den im Islam als Schriftbesitzer geduldeten Christen und Juden. G. schildert, wie die osmanischen Statthalter die Êzîden und ihre politische Führung dazu zwangen, den Islam anzunehmen oder sie für den Militärdienst zu rekrutieren. Êzîden seien grundsätzlich bereit gewesen, dem Osmanischen Reich zu dienen, aber nur in einer Sonderabteilung oder notfalls gemeinsam mit den Christen (190 ff.). Ab 1885 seien Êzîden gemeinsam mit Muslimen zum Militärdienst eingezogen worden. Sie mussten sich von vielen muslimischen Offizieren und ihren Rekruten bei täglichen Exerzierübungen beschimpfen lassen sowie auch zusätzlich 50 Lira entrichten (229). Allerdings muss man wissen, dass sich G. nicht immer kritisch mit den zitierten Quellen auseinandersetzt. Doch der Umstand, dass er aus zahlreichen Quellen, Archiven und aus *acht* Sprachen Material verwertet hat, ist für sich genommen ein Qualitätsmerkmal. G.s Buch (mehr als 400 Seiten) eignet sich für alle Êzîdenforscher wie auch für den interessierten Leser und ist sehr zu empfehlen.

Chaukeddin Issa (deutsch)

I.s Buch von 2007 (Das Yezidentum – Religion und Leben) ist kurz und knapp. I. geht auf die Ursprünge des Êzîdentums ein, er zitiert *Laufrey Nabo*. Dieser behauptet, dass die Ursprünge des Êzîdentums bis 3000 Jahre vor Christus zurückreichen (25). Die „historischen Reformen des *Sheikh Adi*", das êzîdische Kasten- bzw. Klassensystem sowie die Funktion der Würdenträger und der Laien werden darin kurz erläutert (64-86). Seiner Meinung nach hat die Forschung diese drittwichtigste Figur im Êzîdentum noch nicht ausreichend erforscht (64). Der Autor geht auch auf die Führung der êzîdischen Gemeinschaft und den Religionsrat im Irak ein. Heirat und Ehe bei den Êzîden, Gebote und andere Vorschriften werden ebenfalls behandelt (94-127). Neben der Darstellung der Verfolgungsgeschichte (165 ff.) enthält das Buch die Übersetzung einiger der sehr wichtigen êzîdischen Texte. Bereits diese wenigen Übersetzungen liefern den Beweis, dass die Texte wie Gesangshymnen und Gebete vor allem eine Art „Philosophie der schönen Worte" darstellen. I. setzt sich aber mit ihrem Inhalt nicht oder kaum auseinander. Zum Schluss hat es sich der Autor nicht nehmen lassen, eigene Gedichte (S. 280 ff.) dem Buch hinzuzufügen, was den Wert des Buches schmälert. Dennoch ist I´s Buch lesenswert.

Jan İlhan Kızılhan (deutsch)

Mir, dem Rezensenten, sind zwei Aufsätze und drei Bücher von K. bekannt. K. beschäftigt sich bereits seit 1995 mit den Êzîden. In seinem Erstlingswerk (Die Yeziden 1997, ca. 283 ff.) vergleicht er die Situation der êzîdischen Jugendlichen mit der der Muslime in Deutschland (S. 244). Ich halte diesen Vergleich für methodisch höchst ungeeignet und sachlich nicht nachvollziehbar. K. geht davon aus, dass die Êzîden nicht zwischen Mythen und Realitäten unterscheiden können (S. 82). Stellenweise entsteht der Eindruck, dass seine informative Lektüre eher nationalpolitischen Vorstellungen (S. 43) als sachlichen Prämissen folgt: Seiner Meinung nach muss man in den Êzîden Zoroastrier sehen. Doch K.s Verdienst besteht m. E. darin, dass er viel früher als die meisten Êzîden sich mit dem Êzîdentum und der Zukunft der Êzîden in Deutschland beschäftigt hat. Er gehört zu den wenigen führenden Forschern, die schon früh erkannt haben, dass eine Reform des Êzîdentums in Deutschland unerlässlich, aber auch mit gewissen Gefahren der Spaltung der Gemeinschaft verbunden ist (58, S. 83). K. hat ebenso relativ früh erkannt, dass die Êzîden in Deutschland keine

Rückkehroption haben (237f.). Sein neuestes Buch (Verortete Erinnerungen in der Gegenwart) hebt sich historisch und psychologisch von den bisherigen ab. Er stellt fest, dass die kurdisch-muslimische Bevölkerung und die kurdischen Organisationen kaum in der Lage sind, sich mit der êzîdischen Katastrophe zu beschäftigen (S. 159). Die Êzîden hätten die Ereignisse, die sie selbst oder ihre Vorfahren erlebt haben, noch nicht verarbeitet und es sei nicht sicher, ob sie je dazu in der Lage sein werden (161). Das Verhältnis zwischen Êzîden und Kurden sei von Misstrauen, Distanz geprägt (160).

Philip G. Kreyenbroek (englisch)

K. veröffentlicht seit mehr als 20 Jahren Studien über die Êzîden. Was K. von anderen Forschern abhebt, ist seine Sachkenntnis und die Kenntnis des Kurdischen. Der Umstand, dass seine Arbeiten die êzîdische Sichtweise berücksichtigen bzw. mit berücksichtigen, macht seine Schriften für jeden Forscher unentbehrlich. Besonders erwähnenswert ist sein letztes Buch „Yezidism in Europe, Wiesbaden 2009". Darin ausgewertet sind 121 Interviews mit Êzîden aus unterschiedlichen Ländern, die im Irak, in Armenien und in Deutschland leben. Auch wenn die Lektüre sonst informativ und lesenswert ist, ist sie nicht frei von methodischen Fehlern. Das Buch eröffnet aber einen guten Einblick über die Vorstellungswelt und die vielen Probleme der Êzîden sowohl in Deutschland als auch in der Herkunftsregion. Alle Kapitel bauen aufeinander auf und sind verständlich erklärt. Die Lektüre beinhaltet Interviews mit Êzîden, die das Êzîdentum bzw. die Gemeinschaft der Êzîden verlassen haben. Es ist sehr bemerkenswert und aufschlussreich, was die jungen Interviewten über die Zukunft der Êzîden und des Êzîdentums in Deutschland sagen. Siehe zum Buch die Rezension des Verfassers, in: http://www.helbestvan.com/ezdiyen-li-almanya-dema-wundabuna-re-u-rebazen-xwe-dijin-dr-jur-celalettin-kartal.

Xana Omarxali (kurdisch/englisch)

O.s Forschungsarbeiten sind sehr zahlreich. Sie hat zahlreiche Schriften über die êzîdische Religion und deren Rituale sowie Symbole veröffentlicht. Von ihr ist in Zusammenarbeit mit *Kovan Xankî* bei *Avesta* ein wichtiges Buch erschienen. Darin sind weniger als zehn Gesangshymnen der Êzîden kurz und knapp erläutert. Wie O. und *Xankî* ausführen, kommt es bei der Auslegung der êzîdischen Texte darauf an, die jeweils unerwähnte Botschaft herauszufinden (S. 27). Das Buch hat 190 Seiten. Ab S. 170 folgen Fotos von êzîdischen Würdenträgern. Es ist in einem leichten *Kurmancî*-Kurdisch verfasst. Ihr zweites, ebenfalls in Kurdisch verfasstes Buch trägt den Titel „Êzîdentum". In diesem Buch (140 S.) sind viele êzîdische Rituale und Symbole aufgeführt und kurz erklärt. In neuerer Zeit ist von ihr ein grundlegendes Sammelband unter „Religious Minorities in Kurdistan: Beyond the Mainstream, Wiesbaden 2014" erschienen. Von den ca. 20 Aufsätzen sind sechs bis sieben Aufsätze sehr lesenswert. Ihr Verdienst ist es, in diesem Buch alle nicht muslimischen Minderheiten in Kurdistan in einem Sammelband untergebracht zu haben. Siehe dazu meine Rezension[352].

Tosinê Reşîd (kurdisch)

R. führt aus (siehe Literaturteil), dass die Êzîden vielfach ihre Religion vor Fremden verheimlicht haben. Einige Europäer haben sich deswegen veranlasst gesehen, über das Êzîdentum und seine Inhalte aus der Sicht ihrer Gegner zu schreiben (S. 17). Er macht darauf aufmerksam, dass „Êzîden in Armenien und Georgien unter christlichen Völkern leben". Doch diese würden keinerlei Feindschaft oder Groll gegenüber Êzîden hegen. Das sei der Grund, warum sich die Êzîden in diesen Ländern schnell integriert haben (53). Seiner Meinung nach haben Aleviten, Yarasan und Êzîden die gleichen Wurzeln und stehen somit auf demselben Fundament. Bis zum 13. bzw. 14. Jahrhundert sei von Aleviten und Yarasan nicht gesprochen worden. Wenn man davon ausgeht, so R., dass Êzîden schon vorher existierten, dann mussten sich beide als Êzîden ausgegeben haben. Yarasan und Aleviten sind in Wirklichkeit Êzîden, haben sich aber allmählich voneinander entfernt (S. 93). R. geht auch auf einige lokale Praktiken in seiner Region (Armenien) ein (S. 53, 61, 67): „Ich habe nicht beobachten können, dass irgendein Êzîde gesagt hat, er isst weder Hahn, Fisch, Lattiche oder Kürbis" (S. 53). Die weitere Auffassung des Autors, wonach *Sheikh Adi* als ein Heiliger in der islamischen Welt galt, ist nachvollziehbar, wenn auch weiterer Forschungen bedürftig. Anders jedoch R.s Schlussfolgerung, wonach die damaligen Muslime der Umgebung keinerlei Groll oder Feindschaft gegen die Êzîden gehegt hätten. Erst in der Ära von *Sheikh Hesen*, eines Oberhauptes der früheren Êzîden, hätten Angriffe der Muslime gegen Êzîden begonnen (S. 158). Hält man diese Ansicht für richtig bzw. nachvollziehbar, so müssten auch die vielen religiösen *fatwas* bzw. die

---

[352] http://www.rizgari.com/modules.php?name=News&file=print&sid=47600.

kaiserlichen Edikte gegen die Êzîden erst in der Ära der Osmanen begonnen haben. Ich halte diese Meinung für nicht haltbar. Die bloße Konfrontation mit den ersten islamischen Heeren und die anschließende kontinuierliche Zwangsislamisierung der mesopotamischen Bevölkerung wird nicht ohne kriegerische Auseinandersetzungen erfolgt sein. Gleichwohl ist R.s Buch sehr lesenswert, und auch informativ. Jeder Forscher wird sicher sein Buch mit Gewinn lesen.

Eszter Spät (englisch)

Wer S. liest, wird erkennen, wie moderne Êzîden zu ihrer Religion stehen und wie sie das Êzîdentum auslegen. S. zeigt, wie das Êzîdentum von anderen Religionen beeinflusst wurde und welche Institutionen bzw. Bräuche es vom Christentum übernommen hat. Von S. sind zwei Bücher über die Êzîden erschienen. Das erste Buch (The Yezidis, London 2005) hat 96 Seiten. Darin geht S. auf die von Êzîden aufgestellte Behauptung ein, wonach das Êzîdentum die älteste Religion der Welt sei (S. 19, 31). Seine Wurzeln, so die Êzîden, reichten bis zum ersten Menschen (Adam) bzw. *Shehid bin Jer*, dem Abstammungsvater der Êzîden zurück. S. beschreibt *Shengal* als die letzte Bastion der Êzîden, wo Êzîden stets heldenhaft gegen die Armeen der Osmanen gekämpft hätten (S. 22). Die Historie der Êzîden ist die Geschichte von Verfolgungen gewesen (S. 26). An anderer Stelle geht sie auf die große Flexibilität der Êzîden und ihre Gemeinschaft ein (S. 32). Ebenso werden kurz und knapp die bestehenden Vorurteile von kurdischen Muslimen gegenüber den Êzîden (S. 25 f.) sowie die êzîdischen Institutionen (S. 27, 42 f., 44 ff.) erwähnt. S. zufolge haben die Êzîden als Ergebnis ständiger Verfolgungen und Anfeindungen durch Muslime immer dazu tendiert, möglichst außerhalb der Siedlungsbereiche der Muslime zu leben (S. 28). Alles in allem ist es ein sehr lesenswertes, informatives Buch. Ihre gut zehn Jahre später verfasste Dissertation (Late Antique Motifs in Yezidi Mythology) ist ebenso informativ, aber auch sehr anspruchsvoll. In ihr wird aufschlussreich dargelegt, wie Êzîden, einfache wie auch gebildete, versuchen, die Entstehung des Ursprungs des Êzîdentums als sehr alt darzustellen. Spannender und auch aufschlussreicher wird es, wenn es um die Offenheit bzw. die Veränderung der êzîdischen Texte und deren Kontext und Konsequenzen geht (S. 17, 102). Die Arbeit ist jedem interessierten Autor und Forscher zu empfehlen.

Anikó Schulz (deutsch)

S. hat ihre Diplomarbeit als Buch veröffentlicht. Sie trägt den Titel „Die besonderen traditionellen Regeln der Partnerwahl der Yeziden und deren Auswirkungen". Sie hat 119 Seiten und ist eine Online-Untersuchung. Lt. S.s Angaben haben 98 Êzîden an ihrer Befragung teilgenommen (S. 89). Von den Teilnehmern würden 19 Personen Christen akzeptieren (S. 52). Nach S.s Angaben sind 72 % der in Deutschland lebenden Êzîden deutsche Staatsbürger (96). Die deutschen Êzîden wünschen sich Religions- und Sprachunterricht und dass die Deutschen wissen, was Êzîden sind (100). Viele wünschen sich eine schnelle Reform des Êzîdentums, damit es überlebt und nicht dem Untergang geweiht ist (101). Dankbarkeit gegenüber Deutschland sei ein Gefühl, das viele deutsche Êzîden prägt (S. 105). 47 % halten das Gebot der Jungfräulichkeit nicht für ein Symbol der Ehre (107). 73 % der Teilnehmer würden ein Zusammenleben vor der Ehe akzeptieren. Die jüngeren Êzîden identifizieren sich mit deutschen Werten (108). Die Êzîden sind auf dem Weg, individualistisch zu werden (110). Alles in allem sind die Veränderungen im Êzîdentum in Deutschland grundlegend und gravierend. Die Arbeit enthält zum Schluss einen Anhang mit Fotos, einen Fragebogen, einige Interviews und Zeitungsartikel.

Kemal Tolan (kurdisch)

T.s Werke, d.h. Bücher, Aufsätze und weitere Beiträge sind meistens in Kurdisch verfasst. Das von ihm 2006 veröffentlichte Buch (415 Seiten) führt in die êzîdischen Texte [353] ein. Es enthält essentielle Gebete, Gesangshymnen, Klagelieder, Legenden, Schemata und Kommentare. Namen êzîdischer Stämme, Fürstentürmer und ein Teil êzîdischer Ortschaften sind mit aufgeführt. Vielfach liefert T. Erklärungen und Kommentare darüber, warum bestimmte Rituale (S. 74) von Êzîden abgehalten werden. Inhaltlich sind gewisse nostalgische Anklänge auffallend (S. 79). Das Buch ist wegen der schwer verständlichen Sprache der êzîdischen Texte kompliziert. Es enthält nicht selten Redundanzen und Widersprüche (vgl. z. B. die S. 50, 51, 106, 196, 202).

Das umfangreiche Werk scheint in seiner Essenz eine Sammlung von sich ergänzenden Aufsätzen zu sein, die T. bereits anderswo (vielleicht

---

[353] Nasandina Kevneşopên Êzdiyatiyê (Einführung in die êzîdische Religion und Tradition) 2006.

im Internet und in Zeitschriften) veröffentlicht hat. Die darin veröffentlichten Texte sind theologisch, philosophisch und ethisch von grundlegender Bedeutung, aber ohne ein adäquates Glossar vielfach nicht zu verstehen. Dort, wo T. politische Kommentare oder Statements abgibt, ist er nicht selten subjektiv (317 ff, 321). So vertritt er die Meinung, dass alle Êzîden ausnahmslos Kurdisch können (S 321). An anderer Stelle geht er, wenn auch nur kurz, auf die Assimilation der Êzîden in Deutschland ein (S. 357, 359). Mit seinem lesenswerten, informativen Buch stellt er sowohl die Religion als auch die Tradition (231 ff.) und Geschichte der Êzîden bzw. Kurden dar (323 - 356). Doch der historische Teil leidet nicht selten unter seinen ideologisch gefärbten Ansichten (323 ff.). Ein kritischer Umgang mit den Texten und aufgestellten Behauptungen wäre wünschenswert gewesen. Den Kurdisch sprechenden Forschern, insbesondere Ethnologen, Soziologen, Historikern, Kurdologen und Religionswissenschaftlern ist das Buch sehr zu empfehlen.

Gernot Wießner (deutsch)

W. (1933-1999) lehrte in Göttingen Allgemeine Religionsgeschichte. W. gehörte zu den ersten deutschen Religionswissenschaftlern, mit denen Êzîden bzw. viele deutsche Êzîden intensiven Kontakt hatten. Später hat er wichtige Gutachten für Verwaltungsgerichte über die Situation der Êzîden in der Türkei erstattet. In seinem ansonsten lesenswerten Aufsatz (Die kurdischen Yezidi, S. 31-46)[354] behauptet er, dass das Êzîdentum eine Geheimreligion sei (S. 35). An anderer Stelle geht er vom Prinzip des Dualismus aus (42). Seine Spekulationen gipfeln in der Behauptung, dass aus der religiösen Tradition der Êzîden kaum eine bewahrende Theologie entwickelt werden kann (S. 40).

Forschungsthemen im Êzîdentum

Jede Zivilisation wird früher oder später am Grad ihres Umgangs mit Minderheiten und Andersdenkenden gemessen werden. Bisher findet die Geschichte des Nahen Ostens vor allem unter der Vorherrschaft des Islam Beachtung. Die Leidensgeschichte der religiösen Minderheiten Mesopotamiens wird kaum erforscht. Welche Themen bieten sich an, um das Êzîdentum und die Êzîden besser als bisher zu erforschen?

---

[354] Gernot Wießner, 1984, 31-44.

Thema 1 (T 1): Êzîdentum und seine Praxis in der vorislamischen Phase. **T 2:** Êzîden in der vorosmanischen Zeit (630-1299). **T 3:** Êzîden vor *Sheikh Adi* (1073-1163). **T 4:** *Sheikh Adi* und seine Reformen **T 5:** Êzîden nach *Sheikh Adi*. **T 6:** Das Kastensystem und dessen Praxis vor und nach *Sheikh Adi*. **T 7:** Êzîdentum und seine Stellung in der Ära von Sultan *Saladîn* (1160-1193). **T 8:** Êzîden nach dem *Çardêran*-Krieg (1515 n. Chr.). **T 9:** Êzîden und ihre Stellung in der Ära von *Kanuni Sultan Suleyman* (reg. 1520 bis 1566 n. Chr.). **T 10:** Êzîden in der Reform-Ära der Osmanen (9./20. Jh.). **T 11:** Die „72 Edikte" gegen die Êzîden und ihre Folgen – *fatwa*s, ihre Besonderheiten, ihre Urheber sowie ihre Umsetzung. **T 13:** Islamische Mystik im Êzîdentum. **T 14:** Êzîdentum und seine Praxis in Armenien – Besonderheiten, Konflikte und Integration. **T 15:** Êzîden in Georgien – ihre Stellung und Praxis. **T 16:** Êzîden und Êzîdentum in *Schengal*. **T 17:** Islamische Genozide an Êzîden in *Schengal*? **T 18:** Êzîdentum und seine Stellung nach dem klassischen Islam. **T 19:** Das Êzîdentum und seine Institutionen. **T 20:** Êzîdische Dogmen, Rituale und Vorschriften – Entstehung und Veränderungen. **21:** Êzîdische Texte, Divergenzen und fremde Einflüsse. **22:** Êzîdische Gebete, Struktur, Systematik und Inhalte. **23:** Das Gottesbild im Êzîdentum und seine Abweichungen im Vergleich zu den Universalreligionen. **24:** Aleviten und Yarasan im Vergleich zum Êzîdentum. **T 25:** Êzîdentum und seine Praxis in der Türkei. **T 26:** Êzîdentum und seine Praxis in Syrien. **T 27:** Êzîdentum und seine Praxis in Deutschland. **T 28:** Der Personenkult im Êzîdentum. **T 29:** Die êzîdische Engellehre. **30:** Êzîdentum in Europa und der Umgang mit Abweichlern. **31:** Êzîdentum und seine pazifistischen Elemente. **T 32:** Êzîdentum und seine Theologie. **T 33:** Der Transformationsprozess des Êzîdentums von einer Volksreligion zu einer Universalreligion und seine Voraussetzungen – Chancen und Risiken.

Literatur

Abca, Yurdaer: Yezidilik ve Osmanlı Yönetiminde Yezidiler, Türkei 2006, in: http://www.bahzani.net/book/Yezidilikottoman-administration.pdf

Açıkyıldız, Birgül: The Yezidis - The History of a Community, Culture and Religion, London; New York 2010 (zitiert Açikyildiz 2010).

Akbaş, Emin: Ezdiyatî -1 (Das Yezidentum -1), 2009 (zitiert Emin Akbaş 2009).

Allison, Christen Allison: The Yezidi Oral Tradition in Iraqi Kurdistan, 2001 (zitiert Christine Allison 2001).

Allison, Chrisine, Yezidi Sözlü Kültürü, Istanbul 2007 (türk. Fassung).

Aydin, Özlem: Sprache und Identität von Minderheiten, Berlin 2003.

Behrendt, Günther: Nationalismus in Kurdistan, Hamburg 1993.

Berger, Lutz: Islamische Theologie, Wien 2010.

Beyer, Wolfram: Pazifismus und Antimilitarismus – Eine Einführung in die Ideengeschichte, Stuttgart 2012.

Bock, Sebastian: Kleine Geschichte des Volkes Israel, Basel; Wien 1989.

Deforges, Régine; Réage, Pauline: Die O hat mir erzählt, Berlin 1994.

Dîma, Pîr: Êzdiyên Serhedê – Sedsala XIX Destpêka Sedsala XX, Istanbul 2011.

Die Gute Nachricht: Die Bibel in heutigem Deutsch – Die Gute Nachricht des Alten und Neuen Testaments, Stuttgart 1982.

Düchting, Johannes /Nuh Ateş: Stirbt der Engel Pfau? - Geschichte, Religion und Zukunft der Yezidi-Kurden (Edition Komkar), Köln 1992

-ders.: Die Kinder des Engel Pfau –Religion und Geschichte der kurdischen Yeziden, Köln 2004 (zitiert Düchting 2004).

Demiray, Kemal; Alaylıoğlu, Ruşen: Türkçe Sözlük, İstanbul 1987.

Êzdaname I, Weşanên Lalîş 2, Bielefled 2002 (zitiert Ezdaname I, ohne Angabe des Verfassers).

Franz, Erhard (Hg.): Yeziden – Eine alte Religionsgemeinschaft zwischen Tradition und Moderne (Beiträge der Tagung vom 10.-11. Oktober 2003 in Celle), Hamburg 2004 (zitiert Erhard Franz 2004).

Geranpayeh, Behrouz: Yarasan – die Freude der Wahrheit: Religion und Texte einer vorderasiatischen Glaubensgemeinschaft, Göttingen 2006 (Diss.).

Gellman, Marc und Hartma, Thomas n: Religionen für Dummies, 2008, S. 113 (Übersetzung aus dem Amerikanischen von Manuela Olsson).

Guest, John S.: Survival among the Kurds – A History of the Yezidis, USA, Canada, 2010 (zitiert John S. Guest 2010)

-ders., John S.: Yezidilerin Tarihi, Istanbul 2001 (zitiert John S. Guest 2001, türk. Fassung).

Gülçiçek, Ali Duran: Der Weg der Aleviten (Bektaschiten), 2. Auflage, Köln 1996.

Gölbaşı, Edip: The Yezidis and the Ottoman State: Modern Power, Military Conscription, and Conversion Policies, 1830-1909, Boğaziçi University 2008 (zitiert Edip Gölbaşı 2008).

Holtmann, Everhard; Brinkmann, Heinz Ulrich; Heinrich, Pehle (Hrsg.): Politik-Lexikon, 2. Aufl. München, München, Wien, Oldenburg, 1994.

Issa, Chaukeddin: Das Yezidentum – Religion und Leben. Oldenburg 2007 (zitiert Chaukeddin Issa 2007).

Kartal, Celalettin: Der Rechtsstatus der Kurden im Osmanischen Reich und in der modernen Türkei, Hamburg 2002 (zitiert Celalettin Kartal 2002).

-ders. Der militante Islamismus und seine sakralpolitischen Grundlagen, Norderstedt 2014.

-ders. Islamische Gottesrechte versus säkulare Menschenrechte, Norderstedt 2014.

Kalil, Pir Khidir S.: An Introduction on Izidians And Lalish, Duhok 2009.

Kızılhan, İlhan: Die Yeziden – Eine anthropologische und sozialpsychologische Studie über die kurdische Gemeinschaft, Frankfurt 1997 (zitiert Ilhan Kızılhan: Die Yeziden, 1997).

-ders.: Verortete Erinnerungen in der Gegenwart: Das religiöse und kulturelle Gedächtnis der Yeziden in der Türkei, Berlin 2004.

Krämer, Gudrun: Geschichte des Islam, 2. Auflage, München 2011.

Kreyenbroek, Philip G.: Yezidism – its Background, Observances and Textual Tradition, Lewiston 1995 (zitiert Philip G. Kreyenbroek 1995).

-ders. (Hg.): Yezidism in Europe: Different Generations Speak about their Religion – In Collaboration with Z. Kartal, Kh. Omarkhali, and Kh. Jindy.

Rashow (Gottinger Orientforschungen III. Reihe: Iranica. Neue Folge Band 5), Wiesbaden 2009 (zitiert Philip G. Kreyenbroek 2009).

-ders., Rashow, Khalil Jindy: God and Sheikh Adi are Perfect 2005 (zitiert Kreyenbroek/Rashow 2005).

Kreyenbroek, Philip/Reşow, G. Xelîl Cindî: Tanri ve Şeyh Adî Kusursuzdur, İstanbul 2011.

Lescot, Roger: Yezidiler – Din, Tarih ve Toplumsal Hayat – Cebel Sincar ve Süriye Yezidileri, İkinci Baski, İstanbul 2009 (zitiert Roger Lescot 2009).

Niebuhr, Carsten: Entdeckungen im Orient, Zweite revidierte Auflage, Tübingen, Basel, 1975.

Omerxalî, Xana: Ezdiyatî – Civak, Sembol, Rîtûel, İstanbul 2007 (zitiert Xana Omerxalî 2007).

dies.: Kovan Xankî: Analîza Qewlên Êzdiyan, İstanbul 2009.

Rohe, Mathias: Der Islam: Alltagskonflikte und Lösungen, Wien 2001.

Reşîd, Tosinê: Êzdayetî – Oleke hê jî nenaskirî, Istanbul 2010 (zitiert Tosinê Reşîd 2010).

Reports on the situation of the Ezdis, Weşanên Lališ, Bielefeld 2003 (zitiert Reports on the situation of the Ezidis).

Sasuni, Garo: Kürt Ulusal Hareketleri ve 15. Yüzyildan Günümüze Ermeni Kürt İlişkileri, Med Yayınları, İstanbul 1992 (zitiert Garo Sasuni 1992).

Schulz, Anikó: Die besonderen traditionellen Regeln der Partnerwahl der Yeziden und deren Auswirkungen auf die Integration, 2009.

Spät, Eszter: Late Antique Motifs in Yezidi Oral Tradition, 2010 (Gorgias Dissertations in Religion), PhD (zitiert Eszter Spät 2010).

-dies. The Yezidis, London 2005 (zitiert Eszter Spät 2005).

Stausberg, Michael: Zarathustra und seine Religion, München 2005.

Tolan, Kemal: Hebûn û Tunebûna Êzidiyan Tev Romanén Zindîne, Oldenburg 2000 (zitiert Tolan 2000).

-ders.: Nasandina Kevneşopên Êzdîyatîyê, İstanbul 2006 (zitiert Kemal Tolan 2006).

Turan, Ahmet: Yezidiliğin Aslı, Kurucusu ve Tarihçesi, Ondokus Mayıs Universitesi, İlahiyat Fakultesi, Samsun 1989, online verfügbar, in: http://www.eskieserler.com/dosyalar/yezidilikk.pdf.

von Moltke, Helmut: Unter dem Halbmond – Erlebnisse in der Türkei: 1835-1839, Tübingen 1981.

Wiener, Max: Jüdische Religion im Zeitalter der Emanzipation, Berlin 1993.

Xanî, Ehmedê: Mem û Zîn, Uppsala 1995.

Aufsätze

Aboud, Zuhair Kazim: Das Yezidentum, Wahrheiten, Mythen und Geheimnisse, in: http://www.pen-kurd.org/index-de.html (aufgeladen am 29.05.2015)

Ackermann, Andreas: Yeziden in Deutschland – Von der Minderheit zur Diaspora, S. 1-18, in: http://www.yeziden-colloquium.de/inhalt/wissenschaft/Yeziden_Deutschland.pdf.

Affoldderbach, Martin; Geisler, Ralf: Die Yeziden, S.1-40, in: http://www.ekd.de/ezw/dateien/EZW_Texte_192_Internet.pdf.

Bari, Youssif: Kor Namir, der Stammesfürst des Dina-Stammes, in: Yezidische Helden, Oldenburg 2011, S. 96-100.

Kehl-Bodrogi, Kriszetina: Die Aleviten, in: Klöcker/Tworuschka: Handbuch der Religionen, München 2008, S. 1-12.

Boyîk: Eskerê: Berxedana Êla Xalta Mîrzikê Zaza, in: Mehfel 2, Dihok 2010, S. 1-19.

Bozani, Kheri: Mir Jafar Dassini, in: Yezidische Helden, Oldenburg 2011, S. 34-43.

Bozay, Kemal: Kurdische Migrant(inn)en in der öffentlichen Wahrnehmung, in: Kurden und Medien – Ein Beitrag zur gleichberechtigten Akzeptanz und Wahrnehmung von Kurden in den Medien, Navend – Schriftenreihe – Band 14, S. 25-39.

Brauns, Nikolaus: Die Kurden in Syrien und die Selbstverwaltung in Rojava, in: Fritz Edlinger/Tyma Krait (Hg.): Syrien – Ein Land im Krieg. Hintergründe, Analysen, Berichte, Wien 2015, S. 139- 156.

Çelik, Amer: Sheikh Mirza Anqossi, in: Yezidische Helden, Oldenburg 2011, S. 148-155.

Cindî, Xelîl: Derheqa parvekirina edebê dînîyê Êzidiyan, in: Roj, A Cultural Periodical Journal Concerning Ezidian Affairs, Hannover 2000, S. 173-192.

Deckmann, Werner: Gibt es noch ein Recht auf Asyl in der Bundesrepublik Deutschland? Der Fall der yezidischen Flüchtlinge aus Türkisch-Kurdistan, in: Robin Schneider (Hg.): Die kurdischen Yezidi, Göttingen 1984, S. 21-30.

Dracklê, Dorle, in: Brigitta Schmidt-Lauber (Hg.): Ethnizität und Migration, Berlin 2007, S. 195-220.

Düchting, Johannes: Yezidi und Asyl in Deutschland – Yeziden aus Türkisch-Kurdistan, in: Zeitschrift der Ezidischen Akademie, 1. Ausgabe April 2009, S. 2-7.

Ehmed Elî, Azad: Şengal – Rûgeh û Mertala Kurdistanê, Navenda Lêkolinên Rûdaw 2015.

Farhan, Adnan Zeyhan: Dawoud Dawoud und die Kämpfe gegen die Wehrpflicht, in: Yezidische Helden 2011, S. 224-235.

Gürbey, Gülistan: Auswirkungen des türkischen Kurdenkonflikts auf die Beziehungen von TürkInnen, KurdInnen und Deutschen in der Bundesrepublik Deutschland, in: NAVEND – Zentrum für Kurdische Studien (Hrsg.): KurdInnen in der Bundesrepublik Deutschland, Bonn 1999, S. 183-200.

Ismail, Alia Bayezid: Ihre Spuren sind bis heute nicht verwischt, in: Yezidische Helden, Oldenburg 2011 S. 44-89.

Issa, Chaukeddin: Persönlichkeiten der Regionen Mardin u. Jarah /Kamichli und Aleppo – Einer der ersten Helden: Hassan Beg Kosa, in: Yezidische Helden, Dengê Êzîdiyan, Oldenburg 2011, S. 23-33.

-ders.: Gedanken zu Sheikh Adi (11./12. Jh.), dem Reformer des Yezidentums, in: Erhard Franz (Hrsg.): Yeziden – Eine alte Religionsgemeinschaft zwischen Tradition und Moderne (Schriftenreihe Deutsches Orientinstitut / Beiträge der Tagung vom 10.-11. Oktober 2003 in Celle), Hamburg 2004, S. 45-53.

-ders.: Vortrag von Chaukeddin Issa: „Yezidische Helden" auf YouTube, in: http://www.youtube.com/watch?v=Flw2TNtnWkw (abgerufen am 29.04.2013).

Issa, Shemmo: Einleitung, in: Chaukeddin Issa: Das Yezidentum – Religion und Leben, Oldenburg 2007, S. 20-23.

Kartal, Celalettin: Zukunftsaussichten der Yezidi-Kurden als Religionsgemeinschaft in Europa, in: Kurdistan heute, Nr. 11, 1994, 37-42 (zitiert Celalettin Kartal 1994).

-ders.: Das PKK-Verbot und seine politischen Auswirkungen, in: Vorgänge – Zeitschrift für Bürgerrechte und Gesellschaftspolitik, Nr. 139, Heft 3, September 1997, S. 27-34.

-ders.: Yeziden in Deutschland – Einwanderungsgeschichte, Veränderungen und Integrationsprobleme, in: Kritische Justiz 2007, Heft 3, S. 240-257 (zitiert Celalettin Kartal 2007).

-ders.: Çima akademîkerên êzdî nabin çalakger û berpirsê çarenûsa civaka xwe?, in: http://www.serbesti.net/?id=1422.

-ders.: Yekemîn Konferansa Êzdiyan û hinek mijarên wê, in: Rûdaw, hejmar 152 vom 21.06.2012.

-ders.: ÇiraTV – Hewara Kurdên Êzdî?, in: http://www.dergush.com /modules.php?name=News&file=article&sid=3515.

-ders.: Nirxandina pirtûka bi navê Êzdaname I, Weşanên Lalîş 2: Qewl, Diha û Jandilên Êzdiyan, in: http://www.serbesti.net/forum/ showentry.php?sNo=26222.

-ders.: Êzdiyên Almanya dema wûndabûna nirxên xwe dijîn.

-ders.: DAÎŞ, komkujiya Şengalê û Êzdiyên Almanyayê, in: http: //www.nerinaazad.com/news/actual/bashur/celalettin-kartaldaskomkujiya-sengal-zdiyn-almanyay.

-ders. Reşkirina Êzîdiya, in: http://www.bahzani.net/kurdi/show.php? aid=489.

-ders. Do û îroj: "Rastiya" netewperweriya hinek siyasetmedarên kurd, in: http://www.bahzani.net/kurdi/show.php?aid=2620.

Keles, Janros: The Politics of Religious and Ethnic Identity, in; Khanna Omarkhali: Religious Minorities in Kurdistan: Beyond the Mainstream, Wiesbaden 2014, S. 173-224.

Khalil, Khidir S.: Die Geschichte des Religionszentrums Lalish, in: Chaukeddin Issa: Das Yezidentum, Oldenburg 2007, S. 45-52.

Kızılhan, İlhan: Lalîş, Mai 1996, S. 31-33.

Klimkeit, Hans-Joachim: Buddha, in: Peter Antes: Große Religionsstifter, Berlin 2004, S. 133-159.

Kreyenbroek, Philip G.: Die Tradition der Yeziden in westlicher und in yezidischer Sicht, in: Erhard Franz (Hrsg.), Eine alte Religionsgemeinschaft zwischen Tradition und Moderne, Hamburg 2004, S. 23-34.

-ders.: Yezidismus, Zoroastrismus und die Traditionen der Ahl-e Haqq, in: Roj 9 – A Cultural Periodical Journal Concerning Ezidian Affairs, Sprecial Issue 2000, S. 5-20.

-ders.: Das Wesen von Tawsi Melek und sein theologischer Ursprung – eine religionswissenschaftliche Studie, in: Dengê Êzîdîyan – Jibo Parastin û Pêşvebirina Êzdiyatiyê, Dezember 2001, Nr. 8+9, S. 67-68.

-ders.: Religion and Religions in Kurdistan, Philip G. Kreyenbroek and Christine Allison: Kurdish Culture and Identity, London 1996.

Muhammed, Husein: „ferheng" – Dersim, kurd û filetî (Glossar – Dersim, die Kurden und das Christentum), in: http://www.nefel.com/kolumnists/kolumnist_detail.asp?MemberNr = 33&RubricNr=24&ArticleNr=7036#.USJn6vJJQaM.

Müller, Anni: Eine jüdische Hochzeit, in: http://www.judentumprojekt.de/religion/juedischerlebenskreis/hochzeit.

Nabo, Lauffrey: Die Bedrohung der Eziden durch Selbstzerstörung oder die Anstrengung für eine Identitätsfindung, in: http://www.ezidische-akademie.de/de/das-ezidentum.html.

Nadir, Edip: Beyta Lališ, in: Roj – A Cultural Periodical Journal Concerning Ezidian Affairs, Tebax 1996, S. 29.

Namus, in: http://de.wikipedia.org/wiki/Namus.

Nordhausen, Frank: Im Dunkeln, in: Frankfurter Rundschau vom 20./21. Juni 2015, S. 28 f.

Othman, Mamou: Yezidi religion and society, in: http://www.lalish.de / english/modules.php?name=News&file=article&sid=20.

-ders.: The Êzidian Caste system and tradition, in: http://www.lalish.de /english/modules.php?name=News&file=article&sid=31.

-ders.: Die Beziehung zwischen dem Zoroastrismus und dem Ezidentum, in: Roj – A Periodical, Journal of Studies in Yezidiology & Yezidian Affairs, Hannover 2002, Nr. 11&12, S. 78-94.

-ders.: Die Yeziden vor Sheihk-Adi, in: Kurdistan heute – Zeitschrift des Kurdischen Informations- und Dokumentationszentrums e.V., Nr. 6 Juli-August 1993, S. 16-18.

-ders.: Die Yeziden vor Sheihk-Adi, Teil 2, in: Kurdistan heute – Zeitschrift des Kurdischen Informations- und Dokumentationszentrums e.V., Nr. 7 September/Oktober 1993, S. 23-26.

-ders.: The Êzidi Religion as a microcosm of Kurdish Culture – Similarities and Differencesin, in http://www.lalish.de/english/modules. php?name=News&file=article&sid=32.

-ders.: Taus-i Melek oder der politische Gott der Weltreligionen? Ein Beitrag zur Theologie und Religionsgeschichte der Yeziden, in: Erhard Franz (Hg.): Eine alte Religionsgemeinschaft zwischen Tradition und

Moderne, Hamburg 2004, (Schriftenreihe Deutsches Orientinstitut /Beiträge der Tagung vom 10.-11. Oktober 2003 in Celle) S. 55-66.

-ders.: Die Beziehungen des Sufismus zum Yezidentum, in: http://www.yeziden.de/beziehungen_sufismus.0.html.

Özmen, Sonya: Die Frau im Yezidentum, in: http://www.dergush. com/modules.php?name=News&file=article&sid=1143.

Pätzold, Ulrich: Das Bild der Kurden in den deutschen Medien, in: Kurden und Medien – Ein Beitrag zur gleichberechtigten Akzeptanz und Wahrnehmung von Kurden in den Medien, NAVEND – Schriftenreihe – Band 14, S. 11-23.

Peter, Lothar: Für einen Typ der „Intellektuellen von unten", in: Alex Demirovic/Christina Kaindl (Hrsg.): Gegen den Neoliberalismus andenken – Linke Wissenspolitik und sozialistische Perspektiven, Hamburg 2012, S. 51-64.

Prieß, Gisela: Engel der Yeziden, in: Zeitschrift der Ezidischen Akademie, Dezember 2009, S. 13-17.

Rashow, Khalil J.: Aufgaben und Funktion der Qewals, in: Chaukeddin Issa: Das Yezidentum – Religion und Leben, Oldenburg 2007, S. 87-92.

Reşîd, Tosinê: Kurden Yekitiya Sovêtê – Berê û Niha, in: Nûbûn, jimara 110, Havina 2009, S. 1-9, in: http://eduhok.net/nubun/110/1.pdf.

-ders.: Ermeni li Kurdistanê û Êzdî li Ermenîstanê, in: http://www. serbesti.net/?id=2302.

-ders.: Nêrinek li Dirkoka Kevnar, in: Mehfel 2, 2010, S. 20-26.

Reformjudentum, in: http://de.wikipedia.org/wiki/Reformjudentum.

Schmidinger, Thomas: Das Ende einer Jahrhundertenlangen Geschichte?, in: pogrom 297, 2/2015, S. 14-17.

Scheich Adi, in: http://de.wikipedia.org/wiki/Scheich_Adi.

Silêman, Pîr Xidir: Milyaket di baweriya Êzîdiyan de – Li ber ronahiya tekstên Êzidiyan, in: Dengê Êzidiyan – Jibo Parastin û Pêşvebirina Êzdiyatiyê, Dezember 2001, Nr. 8+9, S. 116-122.

-ders.: Milyaket di baweriya Êzîdiyan de, in: http://www.yeziden.de /248.0.html.

Spät, Eszter: Late Antique Motifs in Yezidi Oral Tradition, Georgias Press, USA 2010.

Spuler-Stegemann, Ursula: Ist die Alevitische Gemeinde Deutschland e. V. eine Religionsgemeinschaft, Marburg im Juli 2003 (Gutachten).

Stellungnahme zur Situation in Syrien unter Berücksichtigung der aktuellen Rechtsprechung vom 03.07.2009, S. 1-50, in: http://www.yeziden.de/fileadmin/ yeziden/pdf/SyrienStellungnahme.pdf.

Tagay, Şerif: Yeziden in Deutschland – Traumatisierungen und ihre Auswirkungen auf das Individuum und die Gesellschaft, S. 1-8, in: http://www.yeziden-colloquium.de/inhalt/wissenschaft/Tagay _Traumatisierung_Yeziden.pdf.

Tolan, Telim: Die Yeziden in Deutschland – Religion und Leben, in: http://www.yeziden.de/yeziden_in_de.0.html.

Ultraorthodoxes Judentum, in: http://de.wikipedia.org/wiki /Ultraorthodoxes_Judentum.

Wießner, Gernot, „… in das tötende Licht einer fremden Welt gewandert", Geschichte und Religion der Yezidi, in: Robin Schneider (Hg.): Die kurdischen Yezidi – Ein Volk auf dem Weg in den Untergang (pogrom 110), Göttingen 1984, 31-44.

Wießner. Irina: Der Weg der Yêziden aus dem Orient nach Europa, in: pogrom 287, 2/2015, (36-39), S. 37.

Yazidism, in: http://www.wikinoah.org/index.php?title=Yazidism.

Yazidis of Georgia, in: http://ezdi4life.piczo.com/yazidisofgeorgia?cr=4&linkvar=000044.

Yıldız, Ekrem: Kurdischer muttersprachlicher Unterricht in der Bundesrepublik Deutschland, Navend – Zentrum für Kurdische Studien (Hrsg.), KurdInnen in der Bundesrepublik Deutschland, Bonn 1999, S. 339-364.

Zerdeştî Xwediyên doh, dijminên îro (Die Zoroastrier – Die Gläubigen von Gestern, Feinde von heute), in: Lališ 2 - Dengê Yekitiya Ezdiyan, Cotmeh 1995, S. 17-20.

Glossar

aga – a. ist ein Großgrundbesitzer, ursprünglich mongolischer Titel bzw. Ehrenbezeichnung, später auch türkischer Titel, der 1934 abgeschafft wurde.

Aleviten – eine anatolisch-kurdistanische Religionsgemeinschaft mit eigener Philosophie und Traditionen.

Avesta – die Heilige Schrift der Zoroastrier.

babçek (kurd.) – b. sind êzîdische Vorbilder oder Vorfahren.

Bavê Sheikh – ranghöchste religiöse Autorität unter Êzîden. Er wird von dem Oberhaupt in sein Amt einberufen und ist zuständig für das zentrale Heiligtum *Lalisch*.

bedil – Geschichtsperiode, die sich nach den Glaubensvorstellungen der Êzîden in zyklischer Folge wiederholt.

beyts (kurd.) – b. sind Texte zweiten Grades.

brayê axretê (kurd.) – Bruder im Jenseits

Ezda (kurd.): Sinngemäß bedeutet E. „Der, der mich erschaffen hat", womit Gott gemeint ist.

faqîrs (arab., êzîdische Derwische). Die f. zählen zu den einfachen religiösen Würdenträgern. Genießen aber trotzdem wegen ihrer Frömmigkeit einen hohen Rang. Sie nehmen zumeist Schlichtungsfunktionen wahr.

ferman (farsi, kurd.) – „Großherrlicher Erlass". F. ist ein schriftlicher Befehl, der eine Vergünstigung vorschreibt (positiv) oder einen militärischen Einsatz (negativ).

fatwa (arab.) – f. ist ein von einem muslimischen *mufti* erstelltes religiöses Gutachten, das eine Streitfrage auf Grundlage der Scharia entscheidet.

Hamidiye – ein von *Sultan Abdul Hamid* II. errichtetes Milizsystem sui generis. Diese Regimenter leisteten gegen Sold Polizeidienste in der kurdischen Region des Osmanischen Reiches und wurden gegen Armenier und zum Teil auch gegen Aleviten sowie Êzîden eingesetzt.

hoste (wörtlich: Meister) – h. ist ein Würdenträger, der seine „Schüler" religiös anweist.

jihad (arab.) – mit j. ist zweierlei gemeint: Frömmigkeit oder heiliger Krieg für die Sache Allahs.

kirasgûhertin („Hüllenwechsel", kurd.) – nach êzîdischer Glaubensvorstellung findet nach dem Tod nur ein „Kleiderwechsel" statt.

kafirûn (arab. Ungläubige) – Im Kontext des Koran Ungläubige, die Feinde Gottes sind.

Kurmancî – einer der zwei Hauptdialekte des Kurdischen. K. ist die Muttersprache der kurdischen Êzîden.

Lalish (stiller Ort, kurd.) – heiliges Zentrum der Êzîden im Irak. L. ist ein zentraler Wallfahrtsort der Êzîden. Die Wahlfahrt gehört zu den Grundpflichten der Yeziden.

Mahdi – „Messias"; mit göttlicher Mission gesegneter Führer, der die Gemeinschaft bzw. die Welt durch Errichtung einer neuen Herrschaft rettet.

Meclisa Ruhanî (auch Civata Ruhanî genannt) – m. ist ein Hoher Religionsrat der Êzîden mit Sitz im Irak.

merebî (Lehrer) – der m. soll den Laien den „rechten Weg" lehren. M. gehört zu den fünf Grundpflichten.

millet – m. war eine nach Religionszugehörigkeit aufgestellte Gesellschaftsordnung und Selbstverwaltungseinheit im Osmanischen Reich. Armenier, Griechen, Juden bildeten als Schriftbesitzer jeweils eine *millet*-Gemeinschaft. Êzîden wurden wegen ihres Êzîden-Seins nicht anerkannt.

mîr (arab) – im êzîdischen Kontext Oberhaupt der Êzîden mit Sitz im Irak. Der m. ist das weltliche Oberhaupt der Êzîden. Seine Dekrete und Beschlüsse beanspruchen eine Allzuständigkeit für die Êzîden. In Wirklichkeit gehen seine Dekrete nicht über den *Sheikhan*-Bezirk im Irak hinaus.

Iblis – Bezeichnung des Teufels im Koran.

murîd (arab., Anhänger, wörtlich der Wollende) – m. gehört zu der Laienschicht im Unterschied zu den beiden Kasten der *sheikh*s und der *pîr*s. Die *murîd*s machen über 90 % aller Êzîden aus und werden von *sheikh*s und *pîr*s religiös betreut.

pascha – seit dem 15. Jahrhundert Titel der höchsten osmanischen Zivilbeamten und Militärs; im 19. Jahrhundert gleichbedeutend mit General.

pêşîmam (kurd.) – die *pêşîmame* („Vordermänner") sind êzîdische Würdenträger hohen Rangs und gehören zu der Gruppe der *sheikh*s. Sie erlassen und verkünden Dekrete des Oberhaupts der Êzîden, genannt *mîr*.

pîr (kurd., wörtl. der Älteste) – p. ist wie der *sheikh* ein religiöser Würdenträger mit Doppelfunktion. Er ist Teil der „fünf Grundpflichten".

qewls (kurd. Wort) – sind theologisch die wichtigsten Texte der Êzîden.

qewal (kurd. Rezitator, Erzähler) – êzîdischer Spezialist für Überlieferungstexte. Alle Überlieferungstexte wurden von q. auswendig gelernt. Sie wurden nicht selten das religiöse Gedächtnis der Êzîden genannt.

qelen (auch *next* genannt) – q. ist der „Brautpreis" für eine Frau.

Şêşims – Name eines der sieben Engel der Yeziden; Symbol der Sonne.

Scharia – das religiöse Recht des Islam; ursprünglich der Weg zur Tränke. S. bezeichnet die Gesamtheit der Gesetze, die in einer islamischen Gesellschaft zu beachten sind.

Schiiten – Angehörige der schiitischen Glaubensrichtung innerhalb des Islam, der Schia. Die Schiiten machen zwischen 10 % bis 15 % der Muslime aus. Sie erkennen nur den „vierten Kalifen" *Ali* als rechtmäßigen Nachfolger des Propheten *Mohammed* an.

seyîd – s. ist derjenige, der von Mohammeds bzw. *Ali*s Familie abstammt.

sheikh (arab.) – im êzîdischen Kontext ist ein s. ein religiöser Würdenträger mit einer Doppelfunktion (*dûnav*). Er ist religiöser Würdenträger und gleichzeitig „Anhänger" eines s.

Sheikh Adi – *Sheikh Adi* gilt als Reinkarnation des Oberengels *Tawisî Melek*. Er gilt auch als Reformator des Êzîdentums.

sufi – muslimischer Mystiker.

Sunnit – Angehöriger der islamischen Orthodoxie, der *Sunna* des Propheten. Die Sunniten stellen eine der zwei Hauptrichtungen des Islam. Sie sollen ca. 90 % aller Muslime in der Welt ausmachen.

Tawisî Melek – ist der Ober- bzw. Chefengel der Êzîden; Herrscher des Universums; aber kein Gegengott.

tok – ein grundlegendes Erkennungssymbol für Êzîden. Mit dem t. ist das Tragen eines „vau-förmigen" weißen Unterhemdes gemeint. T. gehört zu den sechs Glaubensregeln der Êzîden.

ulemas – die u. sind islamische Gelehrte, vornehmlich muslimische Schrift- bzw. Rechtsgelehrte.

vali – Gouverneur bzw. Großgouverneuer. Herr über eine Provinz bzw. Vilayet. V. war der höchste Verwaltungsbeamte in einer osmanischen Provinz.

xas – sind êzîdische Vorbilder bzw. Menschen mit religiös-idealen Eigenschaften.

xuşka axretê (kurd.) – Schwester im Jenseits.

Xweda (kurd., farsi) – Gott.

Yarasan – Eine kleine nicht-muslimische Gemeinschaft, die große Ähnlichkeiten mit den Êzîden aufweist und sich auf mündliche Überlieferungen beruft.

Zervan – „unendliche Zeit" aus der Ahura Mazda und Ahriman hervorgingen.

Zoroastrier – Anhänger des Zoroastrismus, der Lehre Zarathustras

Kurzprofil des Autors

Celalettin Kartal ist in der Türkei geboren.
Mit 14 Jahren kam er in die Bundesrepublik Deutschland.
Er ist seit 1993 eingebürgert.
Im September 2001 wurde er zum Dr. jur. promoviert.
Sieben Jahre hat er an Universitäten als Lehrbeauftragter gelehrt.
Kartal ist spezialisiert auf Forschungsbereiche wie z. B. Islam, Menschenrechte, Integration, Migration sowie Êzîden.

Ausgewählte Veröffentlichungen des Autors:

a) Bücher

- Der Rechtsstatus der Kurden im Osmanischen Reich und in der modernen Türkei, Hamburg 2002.
- Der militante Islamismus und seine sakralpolitischen Grundlagen, Norderstedt 2014.
- Islamische Gottesrechte versus säkulare Menschenrechte, Norderstedt 2014.

b) Aufsätze:

- Zukunftsaussichten der Yezidi-Kurden als Religionsgemeinschaft in Europa, in: Kurdistan heute, 1994, Nr. 11, 37-42.
- Das PKK-Verbot und seine politischen Auswirkungen, in: Vorgänge – Zeitschrift für Bürgerrechte und Gesellschaftspolitik, Nr. 139, Heft 3, September 1997, S. 27-34.
- Islam und Menschenrechte, in: Kritische Justiz 2003, Heft 4, S. 382-400.
- Yeziden in Deutschland – Einwanderungsgeschichte, Veränderungen und Integrationsprobleme, in: Kritische Justiz 2007, Heft 3, S. 240-257.

In der Schriftenreihe *Religionen aktuell* sind bisher erschienen:

Carina Back
Hindu-Tempel in Deutschland
Eine Untersuchung tamilisch-
hinduistischer Strukturen in
der Diaspora
(Band 1)
176 Seiten, 2007
ISBN 978-3-8288-9466-2

Britta Rensing
Die Wicca-Religion:
Theologie, Rituale, Ethik
(Band 2)
371 Seiten, 2007
ISBN 978-3-8288-9486-0

Thanh Ho
Der Übergang von Leben zu Tod
und Wiedergeburt im
Theravada-Buddhismus:
Vorstellungen und Rituale
(Band 3)
116 Seiten, 2008
ISBN 978-3-8288-9755-7

Stefan Schmitz
Von der Geburt bis zur
Erleuchtung:
Das spirituelle Entwicklungsmodell
Ken Wilbers
(Band 4)
258 Seiten, 2009
ISBN 978-3-8288-9977-3

Nina Kleinert
Menschenbilder der Weltreligionen:
Eine fachdidaktische Hinführung
mit religionswissenschaftlicher
Einführung
(Band 5)
94 Seiten, 2009
ISBN 978-3-8288-2042-5

Wolf Ahmed Aries
Der christlich-islamische Dialog
Chancen und Grenzen
(Band 6)
200 Seiten, 2011
ISBN 978-3-8288-2547-5

**Britta Rensing und
Bertram Schmitz (Hg.)**
Himmel und Hölle
Religionen im asiatischen Film
(Band 7)
163 Seiten, 2011
ISBN 978-3-8288-2578-9

The-Za Yang
Das ostasiatische Qi-Konzept als
Denkparadigma zwischen Religion
und Wissenschaft
Religionswissenschaftliche Einord-
nung des Qi für die Heilung in
Formen außerschulmedizinischer
Methoden mit der Einbindung zu
traditionell afrikanischen und
christlichen Glaubenskonzepten
(Band 8)
382 Seiten, 2011
ISBN 978-3-8288-2674-8

Thanh Ho
Trauerrituale im vietnamesischen
Buddhismus in Deutschland
Kontinuität und Wandel im Aus-
land
(Band 9)
242 Seiten, 2012
ISBN 978-3-8288-2887-2

Lida Froriep
Zwischen Kontinuität und Wandel
Die Bedeutung von Kirche und
Glauben für die Siebenbürger Sachsen nach der politischen Wende
(Band 10)
362 Seiten, 2012
ISBN 978-3-8288-2973-2

Kinan Darwisch
Islamischer Religionsunterricht in
Deutschland
Darstellung und Analyse der islamischen Unterrichtsprojekte
(Band 11)
224 Seiten, 2013
ISBN 978-3-8288-3116-2

Franziska Göppel
Kirche im Cyberspace
Religion und virtuelle Realität
(Band 12)
ISBN 978-3-8288-3117-9
116 Seiten, 2013
19,95 €

Müller, Achim
Hinduistische Sakralbaukunst
Postmoderne Transponierung religiöser Räume am Beispiel eines englischen Diaspora-Tempels
(Band 13)
104 Seiten, 2013
ISBN 978-3-8288-3138-4

Juliane Irma Mihan
Sakrileg oder Gotteslob?
Die Orgel in der Synagoge im
kulturhistorischen Kontext
(Band 14)
124 Seiten, 2013
ISBN 978-3-8288-3149-0

Navina T. Satish
Die Weisheit der Palmblätter
Theoretische und systematische Betrachtung südindischer Astrologie
(Band 15)
148 Seiten, 2014
ISBN 978-3-8288-3221-3